林 茂

イタリア式 少しのお金でゆったり暮らす生き方

一年240万円の豊かな生活術

JN270083

講談社＋α《プラスアルファ》新書

はじめに――イタリアの不思議な魅力

私がミラノにある「レストランサントリー」の支配人としてイタリアにはじめて赴任《ふにん》したのは一九八二年。その四年前、一九七八年に、モロ首相が誘拐《ゆうかい》・殺害される事件が起きていて、会社の同僚や親戚からは「くれぐれも気をつけるように」といわれてイタリアに赴任した。

ところが八年後の一九九〇年、再度イタリアに赴任するときの送別会では、まわりの若い女性たちから「ミラノなんていいですね」という言葉を連発された。

これほど、この一〇年たらずで日本のイタリアに対する見方は変わった。

一九八〇年代のミラノファッションブームにはじまり、イタリア料理、そしてメイド・イン・イタリーと、イタリア製品のブームが巻きおこったのだ。

最近、リピーターとして何度かイタリアに行くようになった人は、イタリアでの買い物や観光だけでなく、実際目にしたイタリア人の生活ぶり、ライフスタイルに興味をもつようになったようだ。

私は、二回のイタリア駐在で計一三年間のイタリア暮らしを経験したが、二回目に赴任中の一九九五年にソムリエの資格をとったこともあり、それ以来、イタリアの食材や料理、ワインについて解説する機会が多かった。だが本書では、イタリア料理やワインの楽しみ方のみならず、イタリア人のライフスタイルも含めて「イタリアの不思議な魅力」に迫ってみたい。

日本で「イタリアブーム」といわれるようになって久しい。

ミラノファッションがブレイクし、プラダのバッグやフェラガモの靴、グッチの小物が飛ぶように売れた。イタリア料理店も雨後《うご》のタケノコのようにあちこちに開店した。

大手百貨店でも、イタリアフェアは毎年開催されるようになった。

そこにはファッションやパスタ、トマト、オリーブオイルなどの食材だけではなく、家具や斬《ざん》新《しん》なデザインの照明器具、絵画や装飾品も並べられている。

イタリア製品には、身近な生活用品であっても高い創造性を感じさせるデザインがあり、太陽の国にふさわしい新鮮で明るい色づかいがある。一方、時代をこえて受け継がれた伝統も守られている。

ヴェネツィア建築のように伝統の中に新しいデザインを上手に取り込んだものもあり、歴史の延長上に生きるイタリア人のしたたかさも感じられる。

こうした本物に、多少豊かになった日本人が興味をもち、欲しがるようになったとしても、それは自然の成り行きといえるだろう。

観光でイタリアに行く人も多くなった。

ローマ、フィレンツェ、ヴェネツィアとまったく違う性格の都市を観光し、最後にミラノでショッピングという典型的なパターンのプランもできあがった。そこには、世界の文化遺産の半分以上があることを誇るイタリアの観光地としての実力がある。

古代ローマ時代からルネッサンスを経て今日にいたるまで、ヨーロッパ文化の中心になっていたことを考えると、この国の魅力が半端なものでないことがわかる。

この国を訪れ、食事をしたり、BAR《バール》（立ち飲み式コーヒー店）に入ってイタリア人らしい過ごし方を楽しむのも、旅行者の今日の傾向になったといっていい。

イタリア料理はおいしく、素材感があり、おしゃれで健康的、さらにイタリア各都市には独自の料理が残されている。各都市の歴史と文化を考え合わせると、楽しみ方にもいっそうの広がりが出てくるだろう。

日本人は、どうしてこれほど急にイタリアを好きになったのだろうか。

実は、イタリアが好きなのは日本人に限らない。

イタリアを訪れるアメリカ人観光客は日本人よりもはるかに多いし、ドイツ人は距離的に近いこともあって、毎年イタリアでバカンスを過ごす人も大勢いる。北イタリアにあるガルダ湖やマジョーレ湖などの周辺には、ドイツ人が購入した別荘も数多い。そこにはドイツ人御用達《ごようたし》のスーパーマーケットまで開店したという。

ドイツ人にとってみれば、南にあるイタリアは気候が穏《おだ》やかで湖や海があり、食事もおいしく、物価も、別荘となる物件も安い。

なかでもトスカーナ地方はゆったりとしていて、なだらかな風景と伝統、歴史をもちながら、その素朴さが魅力になっている。トスカーナ地方にもイギリス人やアメリカ人、ドイツ人が別荘として購入した農園が多くある。

イタリアには、どこへ行っても、とにかく肩のこらない明るい雰囲気があるのだ。

◉目次

第二章　地獄の沙汰《さた》も「人」しだい

第三章　「貧しい国イタリア」の豊かな暮らし

第一章　イタリア的発想の原点とは

幼稚園から大学まで制服がない

イタリアの学校には、幼稚園から大学まで制服というものがない。みな毎日、自由に好きなものを着ていく。

子どもたちの動きを見ているといかにも自由で、日本のようにきちっと列を作って並んでいるのを見たことがない。見た目はけっこうだらしなく見えるのだが、イタリア人の形にこだわらない自由な発想は、こういうところからはじまっている。

教育のカリキュラムは地方性が強い。自分たちの住んでいる町の歴史を勉強する課外授業なども多い。イタリアでは自分たちの歴史や個人の人間性に重点が置かれているのだ。

日本の中学・高校ではほとんどの学校が制服を採用しているが、これは子どもたちがみな同じ考えをもてるように配慮されているため、と思えてならない。

制服のないイタリアでは、子どもの洋服代もばかにならない。学校から帰宅して遊びに出ていくのに服を着替える子どもも少なくないからだ。

だが、こうした環境の中で、子どもたちは自然に洋服の色合わせなど、色彩感覚を磨いていく。発想も斬新《ざんしん》になる。

家具をデザインする人が、車やスーツをデザインする。ジョージ・アローのような、有名な車のデザイナーがパスタもデザインする。

要するに固定観念がない。何を作ってもよく、どんなデザインをしてもよい。素材に関しても制約がない。

また、大人になってもセンスを磨く機会が多い。

イタリアに行って靴屋とブティック（洋服屋）の多いのに気づいた人もいるだろう。町にはいくつかのカテゴリーに分かれたブティックが存在する。たとえば三万円のスーツを売る店、六万円のスーツを売る店、一五万円のスーツを売る店、というふうに。客は自分の所得に合った店を選び、コーディネイトすることができる。

それぞれの店にはコーディネイトのプロがいて、シーズンの新しいスーツを見立ててくれる。それだけではない。本人が似合うと思うかどうかは別にして、このプロがスーツに合うネクタイやシャツを見繕《みつくろ》ってくれる。黙ってマネキンになっていれば、靴下や靴、さらには下着までそろえてくれるのだ。

もちろん、三万円のスーツならそれなりに、見合った金額のものを合わせてもらえる。つまり、自分の使えるお金に合わせて、それなりのコーディネイトができるということだ。これらのブティックで働くプロのセンスは、イタリア人一般が子どものときから独自に培《つちか》ったものである。

こうして普通のブティックでも、何回も通えば高級店並みのサービスを受けることができる。これはレストラン、BAR《バール》などでも同様で、イタリア人は自分のまわりに行きつけの店、ミオ・ネゴッツィオ（自分のブティック）、ミオ・リストランテ（自分のレストラン）、ミオ・BARをつくる。これらの店で情報交換も行い、自分たちの生活上の基本ともいえる情報を得ているのだ。

「実力主義」が生きている

イタリアには、けっこう成りあがり的な人間もたくさんいる。日本の全般的な学歴主義とは大きな違いである。

イタリアの北と南とでは生活水準の差があり、南の平均年収は北の半分と南北の貧富の差は大きいが、学歴がなくても実力があれば自分の店や会社をもち、富裕層の仲間入りができるという意識が強い。そしてできる人間は、まわりに足を引っぱられるどころか、雪ダルマ式に大きくなる。

ミラノに住む私の友人にアントニオという男がいる。この男は南イタリア、レッチェ（プーリア州）の出身。中学を卒業すると裸一貫でミラノに来て、レストランのウェイターとして働きはじめた。

仕事ができることから、レストランのオーナーが入っているテニスクラブ内のレストランを任され、ここで稼《かせ》いだお金を元手に、小さなレストランを購入した。今ではベンツのスポーツカーに乗り、二号店に着手している。

イタリアでは、レストランやBARのこういった話をよく耳にするが、実力があれば、お金も十分に得ることができ、社会的にも認められることになる。

善意が仇《あだ》になることも

イタリア人は気さくで親切である、というイメージをもっている日本人は多いだろう。たしかにヨーロッパの他の国の人に比べると、一般的にはこの傾向が強い。地域性もあるが、南に行けば行くほど、この傾向が強まるような気がする。

私がイタリアに赴任して間もないころだった。トスカーナ地方の古都、シエナに行ったときのことである。

通りがかりの人に道を尋ねると、親切に教えてくれた。しかし、教えられたとおり行くと、目的地に行きつかない。そこでまた別の人に聞く。今度の人も、また親切に教えてくれる。が、またしても空振りだ。

つい「なんだあのおばさん、知らないなら知らないといってくれたほうがよかったのに……」

とつぶやいてしまったが、決して憎めない。本当に親切心から教えてくれたのだから。

こうして何人かに聞いて、やっと目的地にたどりつくことができたのである。

これが若い女性に対してとなると、また格別に親切だ。男性は老いも若きも、若い女性と見ると扱いが違う。この気どらず、人間味のあるところも、イタリアの魅力のひとつだろう。

実際にイタリアで生活してみると、仕事であれ個人的にであれ、一度仲よくなると何でも助けてくれる。自分にはむずかしいと思われることでも、一生懸命やってくれる。

だが、この「善意」が仇《あだ》になることもある。うっかり相手を間違えると、ずるずると訳のわからない善意の渦《うず》に巻き込まれてしまうことがあるからだ。

だから、イタリア人の知人に何か頼むときは、誰に相談するかがもっとも重要なポイントだ。その事柄が得意であろうと思われる人を見きわめることが肝心《かんじん》、といえるだろう。

約束時間は「目標時間」

イタリアは「いいかげんな国」と思う人が多い。事実、役所や郵便局などの公共施設に行くと、十分な説明もなしに人を待たせたりすることが多く、時間など予測できないことから、イタリア人でさえそのサービス内容についてはあきれ顔である。

もちろん時間に対する感覚の違いもある。

日本では三時の約束であれば三時までに行くのが普通だが、イタリア人にとっては三時が目標であって、一〇分早くても一〇分遅くても、その範囲内であれば別に目くじらを立てて怒る人もいない。

悪くいえば「いいかげん」、よくいえば「おおらか」なのだが、このおおらかさは、日本やドイツのようにあまりおおらかでない国においては通じるものではないだろう。

メディアの問題もある。

イタリアにおいて、「勤勉でも働きすぎでもない日本人」の姿はニュースにならないように、イタリア人の「いいかげんでない」事件など、日本では受けない。こうした相互の情報不足もあって、お互いの古いイメージに乗った報道のみが一人歩きした結果、「いいかげんなイタリア人」のイメージが、よりいっそう増幅されてきた、といってもいいだろう。

ミラノでレストランの支配人に

私は、サントリーに入社後、東京で営業を三年間経験し、海外でのレストランを運営する部署に配属になった。この部署は海外の主要都市で高級日本料理店を経営しており、当時は一五店舗ほどあった。

ここで一年間レストラン経営を勉強し、イタリアに赴任したのは一九八二年。

同期が三人一緒に赴任することになり、一人はメキシコのアカプルコ、一人はブラジルのサンパウロ、そして私はミラノだった。赴任が決まった翌週から、渋谷のベルリッツ・スクール（語学学校）通いがはじまった。スペイン語、ポルトガル語、そしてイタリア語と三人三様だったが同じラテン語系の言葉で、多少の共通点がある。ときどき一緒に復習をした。

準備期間は数ヵ月。そんな短期間に言葉を修得できるはずもないが、あとは現地で慣れるしかない。

赴任したレストランはミラノの中心地、スカラ座のすぐ脇にあり、オペラ作曲家、ジュゼッペ・ヴェルディの名前がつけられた由緒《ゆいしょ》ある通りに面していた。道をはさんだ向かい側はスカラ座である。時おり歌の練習をする声が聞こえてくる。

スカラ座は奥行きがあり、観客席以上に、舞台装置のある側の奥行きが長い。レストランの入り口が、ちょうど舞台装置を搬入する入り口の正面になっていて、大型トラックが、トラックごとエレベーターで上の階に上げられるのを何度か見かけた。その発想の大胆さに、日本との違いを感じたものだ。

レストランの従業員は、三〇人以上いたと思う。というのは、常時人が入れ替わるので、人数を正確にいうことがむずかしいのだ。店は地下、一階、二階と三つの階にまたがっており、一階は鉄板焼き、二階はしゃぶしゃぶ、地下はお座敷になっていた。

この店で働くのは日本人の料理人、ウェイター、ウェイトレス、イタリア人のウェイター、ウエイトレス、中国人のウェイター、それにミラノより北にあるコモ出身のキャッシャーのおじさん、やはりミラノ近郊のローディ出身のおばさんセクレタリー（秘書兼事務員）二人。ただしイタリア人は日本語はおろか、英語もほとんど話さない。

毎日やりとりしなければならないセクレタリー二人とコミュニケーションをとるには、自分がイタリア語を覚えるしか手はない。

そこでキャッシャーのおじさんに目をつけた。堅物《かたぶつ》が多いことで知られるコモ出身の、けっこう気むずかしいおじさんで、ウボルディさんといった。まじめなウボルディさんは怒ると顔が真っ赤になるのですぐにわかる。怒ると心臓によくないといって、必ず薬を飲んでいた。

開店前や閉店に近い時間など、暇なときにウボルディさんからイタリア語を教わった。手帳を用意し、「こんなときどういうの？」「丁寧な言い方は？」「普通の言い方は？」というふうに。客商売なので、その多くは丁寧語だった。

そのせいか、イタリア生活も長くなり友だちもできて、今度は二人称でざっくばらんに話をしようとすると、言葉がすぐに出てこない。こんな時期もあった。

事務所のおばさん二人は、けっこうわれわれ日本人の変なイタリア語がわかる。多少単語が違っていようが、文法的に間違っていようが、すぐに理解してくれた。だから私も少しはイタリア語で会話ができるようになった、と思っていた。

ところが、これが大きな勘違いであることに気づいたのは二年ほどたったころ。外に出てみると、この程度のイタリア語ではまったく通じない。

そこで、イタリア語の個人レッスンを受けることにした。時間は昼と夜の営業時間の間。二回に一回は用事で休み、行ってもレッスン中に本気で眠ってしまい、何度もエスプレッソを出前してもらいながら何とか続けることができた。

ミラノのレストランでの四年半は、言葉を学んだだけでなく、外国での会社経営を実践させてもらった点でよい勉強になった。しかし肉体的な負担も大きく、若いときでなければできなかったのではないだろうか。

レストラン経営は事件の連続

店の営業はというと、毎日何か事件が起こっていた。

イタリア人にとって、外での食事というのは大人の特権であり、子どもは連れていかない。また数人の食事でも、彼らにとってはフェスタ（お祭り）で、仕度に時間がかかり、約束の時間に遅れることは日常茶飯事《にちじょうさはんじ》のようだ。

とにかく、八人もしくは六人のカップルの予約は要注意だった。夜八時の予約で、八時半までに全員がそろったためしがない。

待たされるほうも約束の時間は目安なので、別に怒るふうでもない。それは外での食事はまさにフェスタであり、多少の遅刻は問題にならないからだ。

しかも、これからワインを楽しもうというのに、香水をプンプンさせて来る女性も少なくなかった。だがこれも、フェスタなのだから大目に見なくてはならない。

さらに、店の従業員の取りまとめにも、頭を悩ませることになった。

イタリア人ウェイター、ウェイトレスは南出身、事務系は北出身という構図ができていた。お金が紛失すれば「さては南の……」ということになる。

一方日本人のほうも、包丁をもつ職人さんと若いウェイトレスの話がかみ合わないことも多かった。

皿洗いはといえば、職業安定所から送られてくる人間が、入れ替わり立ち替わり問題を起こす。それだけではない。給料日、お金を手渡すと数日間仕事に来ない。そこで、とくに決まった仕事をもたない支配人が白衣に着替え、長靴をはいて皿洗いをするのだ。

「君が休んでいるあいだ、誰が皿を洗っていたと思うか」と聞くと、「自分は病気で休む権利がある」という。単なる風邪でも、医者の診断書には必ず五日とか七日と書いてある。さらに「保険会社が自分の休んだ分の給料は負担してくれている」と堂々という。

だからイタリアの社会保険料は高くなる、とため息をもらしたくなる。

イタリアでは、会社は本人の手取り分よりも高い税金、社会保険料を支払っているのである。

グルメにして人なつっこい銀行員

ミラノのレストラン時代に食通のフランコ・アストロという男と知り合った。

南イタリア、プーリア地方の出身だが、経済学で知られるミラノのボッコーニ大学を出て、ミラノに本社をもつイタリア指折りの大手銀行、カリプロ銀行で働いていた。彼は、この大きな銀行の中にガストロノミー・クラブ（美食クラブ）という趣味のサークルを作り、責任者をしていた。

知り合うきっかけは、このクラブの夕食会だった。

「日本食を試す会」をクラブで開催するということで、彼が私のところへ価格交渉に来た。銀行はレストランの目と鼻の先。私は採算を度外視して、破格のサービスをすることにした。オピニオンリーダーたちに、日本食を知ってもらおうと思ったからだ。

そしてその後も彼らのために割り引きした。会社が近いだけに、昼時などのよいアピールにもなる。

彼の友人に、オリーブオイルの試食のプロがいた。早速、ガストロノミー・クラブ主催のオリーブオイル試食会に私も参加させてもらうことになり、はじめてクラブの本部のある地下室に足を踏み入れた。たかが銀行のクラブと思っていたが、そのしっかりした設備には目をみはった。資料も豊富だし、チーズの試食会やワインの試飲会など、さまざまな企画が目白押しだ。

この日はオリーブオイルの鑑定家、ロザーティ氏の試食会だった。

オリーブオイル用の、特別の陶器でできた小さな白い器《うつわ》にオリーブオイルを入れ、色を見て口に含み、勢いよく吸い込んで空気を鼻に抜き、香りを確かめる。のどに詰まらせてゴホゴホやる人もいる。

ロザーティ氏の説明は真剣味があり、内容もすばらしかった。

このロザーティ氏は、ローマ近郊のファッラ・サヴィーナというオリーブオイルの名産地出身で、お兄さんは地元でエキストラヴァージンのオリーブオイルを作っていた。

オリーブオイルの生産農家に生まれた彼は、技術者となって大手化学品会社、モンテジソンに入り、オリーブにつく害虫の駆除薬《くじょやく》の開発にあたっていた。そして化学品専門の保険会社を設立して、実家のオリーブオイルを販売するかたわら、保険の仕事もしていた。

彼のオリーブオイルに関する知識、試食能力は半端なものではなかった。オリーブオイルの鑑定士を教えるのも彼の仕事になっていた。

あとで詳しくふれるが、のちに私が日本に帰国し、出張でイタリアに戻ったときに、このロザーティブランドのオリーブオイルを日本にもち帰ったのがきっかけで、イタリア食品の輸入部門に異動することになる。

アストロは食品加工会社やワイン生産者など、中小の農業関係の会社への貸付業務の窓口を長いことやっていた男で、その関係の知人が多く、また特産品をよく知っていた。

実に人なつっこい銀行員、アストロ主催のワイナリー（ワイン醸造所《じょうぞうしょ》）見学ツアーにも何度か連れていってもらった。

ピエモンテ地方に行ったときのことだ。ブルーノ・ジャコーザ、ラ・スコルカなど、バルバレスコやガヴィの有名ワイナリーを訪問したあと、グイドというこれまたこの地方ではよく知られるレストランで昼食をとった。昼食といってもランチではない。正餐《せいさん》だ。午後一時半にはじまって、終わったのは四時半だった。

土産《みやげ》の交渉も、アストロがワイナリーと事前にすませていて、レストランに、ワインが各人に二本ずつ届けられていた。

冬だったので、ミラノに帰りついたときはもう真っ暗だった。それでもみなバスの中では試飲したワインの話やグイドの料理についての話で盛り上がっていた。

私は夜遅い仕事だったのでさすがに途中で眠ってしまったが、イタリア人というのはなんと元気な連中かと、つくづく思った。

最高のもてなし

一度アストロの家に家族で呼ばれていったことがある。

ミラノの郊外にあるマンションスタイルの家だったが、広さは一五〇平方メートルほど。男の子と女の子の二人の子どもがいて、中学生の女の子が、私の娘の面倒を見てくれた。

この日はアストロが自分で料理を作るという。しかも自分の出身地の南イタリア、プーリア風に統一するというのだ。料理を作りはじめると、話す言葉もどことなく南のアクセントに変わり、北の銀行員が、まったくの南の人に早変わりしてしまった。

まずは食事前のつまみ、ストゥッツィキーノ。小麦粉に少量の水を混ぜた硬めの衣《ころも》にアンチョヴィや黒オリーブの実をくぐらせ、オリーブオイルで揚げただけのシンプルな揚げ物。揚げたてはアツアツで、塩味がきいていておいしい。何度となく手が伸びる。

いよいよ手作り料理がはじまる。なんと、地下室から運んできたトマトソースの瓶《びん》は、すでに夏から用意されていたものだ。夏のシーズンに安く大量に出回るトマトを湯むきしてホールトマトにしてある。これも全部自分でやるんだという。まるで南のマンマ（お母さん）がやることを、ミラノで実践している感じだ。

パスタも手打ち。耳の形をしたオレッキエーテだ。小さく切ったパスタの生地をひとつひとつ親指の腹のところで伸ばして耳の形にする。根気のいる仕事だ。

オレッキエーテのトマトソースにはたっぷりのオリーブオイルも加えられ、アストロにとって懐かしい味になっていたはずだ。

これに合わせたワインは、カステル・デル・モンテの辛口ロゼ。しっかりと冷えていて料理との相性も抜群だった。これもアストロが常日頃から愛飲しているワインで、私も見本をもらったことがあるから覚えていた。

アストロのパフォーマンスは、きっとわれわれ日本人だけでなく、北イタリアの友人にもおおいに受けていたに違いない。

自分の出身地の伝統料理を手作りで用意し、自分の好きな、自分の生まれた土地のワインと合わせる。たとえ遠いミラノに住んでいても、自分のアイデンティティーを忘れず、子どものころ食べていた料理を再現し、田舎《いなか》の風景を思い出しながら話に花を咲かせる。

私にとっても、今でもよく覚えている楽しいひとときだった。

「感情即行動」のお国柄

東京でも、本当に自分の生まれた土地の料理やワインをこよなく愛してやまないイタリア人と出会った。イタリア貿易振興会の東京事務所長、ルドヴィーコ・フルチという人だ。

私が一度目のイタリア駐在から帰ってきた一九八六年から三年ほどのつきあいだったが、その後二回目のイタリア駐在でも、イタリア貿易振興会のミラノ所長になった彼と再会することになる。

イガグリ頭で、かすれた声ながら大声で話をするフルチ氏は、シチリア生まれの根っからのシチリア人だった。とにかくモーレツな男で、物事を一度決めたらすぐに実践する。そこでまわりの人は右往左往《うおうさおう》する。しかし、決して憎めない性格で、都合の悪いことはコロッと忘れるのも上手だった。

食いっぷりもすごかった。一時は体の重みで膝《ひざ》が痛むといっていた。

東京時代、彼とはイタリア料理しか食べにいかなかった。最初のうちは、「たまには日本食も……」と誘ったが、しばらくして勝手がわかってからは、イタリア料理の店を決めてから、彼に電話を入れるようになった。

家に呼んでもらったこともある。東京のど真ん中、千代田区一番町に一〇〇平方メートルのベランダつきで二〇〇平方メートルもあろうかという豪華な家を借り、人を呼んで食事会を開いていた。

私はそのとき、知人で世界的に知られるオペラ歌手のレナート・ブルゾンという人を連れていった。ブルゾンさんはヴェネト州出身だが、彼に、シチリア出身の女性歌手を連れてきてくれるよう頼んでおいた。フルチ氏と同郷のメッシーナ生まれ、今日すっかり有名になったアリベルティという若い女性のオペラ歌手だ。

土産には、シチリア産のチーズとサラミを持参した。

これだけあれば夕食会は和《なご》やかになる、とは予想していたが、結果は予想以上だった。

フルチ氏のはしゃぎようはなかった。それに、フルチ夫人はヴェネト出身。同郷のブルゾンさんと話が合う。オペラが大好きな夫人は、数日前にブルゾンさんのオペラ形式のコンサートを聴きにいっていたという。

日本では自分の田舎などあまり自慢をする人もいないが、イタリア人は違う。めいっぱい自分の田舎のことを話す。

旅先で同郷の人と出会ったりしようものなら、すぐに友人になってしまうほどだ。

そういえば、旅行で北欧に車で行ったとき、ミラノナンバーのついた私の車にイタリア人が近づいてきた。われわれが日本人と見るやがっかりした様子だったが、それでもイタリア語が通じるとわかると、うれしそうに話をしていった。

普通日本人どうしが海外で会うと目も合わせないことが多いのに、イタリア人というのは本当に不思議な人たちだ。

私がミラノの生活にも慣れたころ、女の子が生まれた。バギーを押して散歩していると、信号待ちをしているときなど、いろいろな人が寄ってきて、赤ん坊のほっぺたを指でさわっていく。どうも東洋人の子どものポッチャリとした顔が好きなようだ。

あるとき、かなりつっぱった服装の男の子が近づいてきて、赤ん坊のほっぺを指でチクリ。そしてニコリとして歩いていった。

実に人間らしく、自然な様子だった。

イタリア人は感情がすぐ行動に出る。それが自然で、日本のようにとりあえずの礼儀、といった感覚はない。これはキリスト教の国で、愛情をもち、まず他人をいたわるところから人生がはじまっているからかもしれない。

イタリアにいると、日本社会の人間関係から解き放たれ、ほっとしてしまう。

イタリア人の根底には、そんなあたたかさがある。

第二章　地獄の沙汰《さた》も「人」しだい

食の達人ブォナッシージ氏

ヴィンチェンツォ・ブォナッシージ。まちがいなく現在イタリアで、イタリア料理を語らせるにはナンバー1の人物だろう。

料理関係の著作のみならず、詩人、作詞家、小説家としての顔をもち、さらにRAI《ライ》・UNO《ウノ》(イタリア国営放送)で二時間のテレビ番組をもち、マルチジャーナリストとして活躍してきた。

ワシントン・ポスト紙でも「キング・オブ・パスタ」と称される権威となったのは、日本でも翻訳された『パスタ宝典』を出版してからのことだ。

この一三〇〇あまりのパスタ料理のレシピを載《の》せた本は、四ヵ国語に翻訳され、一六ヵ国で出版されている。この本の功績は、パスタの歴史をひもとくことにより、過去数世紀にわたるイタリア食文化の歴史、そしてその歴史的、地理的に膨大な広がりをみせるイタリア料理の整理をなしたことにある、といえる。

アンナ夫人によると、かつては年間六〇〇人以上の人を自宅に招待していたという。それは、ブォナッシージ氏がよく食事に招待されるからで、食事に出ていくかわりに、逆に自宅に招くのだそうだ。外食をすれば、氏の健康にもあまりよくなく、無理が出る。自宅のほうが気兼ねもなく、料理の内容もセーブできる。

「イタリアでも彼のあと、料理研究家の範疇《はんちゆう》で、これほどの人物は当分出現しないでしょう」というのが、氏の著書の訳者で、イタリアの食文化事情に詳しく、イタリア古書の輸入販売をしている文流《ぶんりゆう》の西村暢夫《にしむらのぶお》さん。オペラをはじめとする芸術がわかり、詩や小説が書け、料理書を書ける人、ブォナッシージ氏は、イタリアという長い歴史をもち、食文化が今日まで残されている国にあって、はじめて生まれた人物、という気がする。

食の大家、ヴィンチェンツォ・ブォナッシージ氏とともに

ブォナッシージ氏と知り合ったのは一九八五年。私がミラノのレストランで寿司《すし》のカウンターをオープンさせたときだ。

寿司のカウンターを、日本人はともかくイタリア人に知ってもらうパブリシティを打とうと、「寿司の歴史」（プレス向け解説文）のイタリア語訳や写真を用意し、料理雑誌の編集部に送付していた。

ある日の休み時間、となりのBAR《バール》・VERDI《ヴェルディ》で、レストランのある建物の管理人、サントに「誰か食のジャーナリストを知らないか」と雑談の途中で聞いてみた。「それなら有名なジャーナリストが毎週郵便物を取りにくるから話をしておく」という。

早速サントに話をしてもらって電話番号を聞き出し、自宅に電話をすると、運よく本人が電話に出た。

事情を説明し、ぜひ一度食べに来てほしい、とお願いした。すると「私は毎日予定が入っているので、たぶん一年先になるだろう」といわれてしまった。しかし、ここまできて引き下がるわけにはいかない。

実は、氏の元の奥さんがレストランの上の階に住んでいて、正式な離婚をしていなかった氏が、郵便物を取りにくる、ということを聞いて知っていたのだ。

ブォナッシージ氏に、今度は「土曜日に郵便物を取りにこられるでしょう。それに昼なら問題ないでしょう」と切り返すと、ちょっと奥さん（当時一緒に暮らしていたアンナさん）に聞いてみる、という。

結局その週の土曜日に店に来てもらい、私も横について魚や調理のしかたについて説明した。これは、一緒に来てくれたアンナさんに、たいへん喜んでもらえた。

これが幸いした。数日後、本人から電話があり、「トゥット・クッチーナ」と「クッチーナ・イタリアーナ」の月刊料理雑誌二誌の編集長を行かせるから、取材に対応してほしい、と依頼されたのである。

震えていたシェフの手

私は一九八六年に日本に帰国したが、一年もしないうちにパスタをはじめとするイタリア食材を輸入するビジネスを立ち上げるべく、オリーブオイル、その他のメーカーを探すことになった。ちょうどそのとき、お世話になったブォナッシーシ氏の顔が浮かんだ。

とにかく時間がない。毎日のように氏に電話を入れ、提携先を探し、数ヵ月のうちに四社との契約にこぎつけることができた。氏の信用があったからこそ、早いペースで話がまとめられたと思う。

イタリアでのビジネスは、会社の大きさはあまり問題にはならない。それなりの人からの紹介、話のしかたでビジネス上の対応も変わってくる。

このとき、ブォナッシーシ氏のイタリアにおける知名度の高さ、信頼度の高さを痛感し、実際ビジネスもスムーズに進んでいった。

日本でイタリア輸入食品を発売するにあたって、デモテープを作成したときも、氏に来日していただいた。

会社の中には、日本において無名なイタリア人では無理だ、という意見もあった。しかし、氏の著書は必ず日本で重要な位置を占める、という自信が私にはあった。

スタジオ入りしたブォナッシージ氏を目の前にして、今では日本でも有名になったシェフ、カルミネ氏の手が震えていたのを覚えている。それほどイタリア人にはよく知られた専門家だったのだ。

ブォナッシージ氏の『パスタ宝典』『イタリア人のイタリア料理』が日本で翻訳されたとき、私は出版社と交渉したり、宣伝を入れたりして出版にかかわったが、この二冊も、日本におけるイタリア料理の普及に役立ったと自負している。

きっかけはオリーブオイル

最初のイタリア駐在を終えて日本に帰国した私は、まず東京で営業の仕事についた。だが、帰国後すぐに、得意先のヨーロッパ研修に同行することになった。

北イタリア中心のグルメツアーをコーディネイトし、何軒かの有名レストランに行ったが、このときたまたま会った友人から預かったオリーブオイルがきっかけで、意外な展開となった。それは、ローマに近いファッラ・サヴィーナ産のロザーティというエキストラヴァージン・オリーブオイルだった。

当時社内では、イタリア関係の加工食品を輸入・販売するビジネスが立ち上がったばかりだったから、このオリーブオイルの見本を、開発担当者に持っていった。そして、かなり偉そうな話をしてしまったのだ。何せ、注目のイタリアから帰ったばかりのときである。

担当者も、イタリア関連のビジネスを成功させるべくちょうど人集めにかかっていて、飛んで火に入る夏の虫、とはこのことだ。結局、帰国後一年もしないうちにこのプロジェクトに仲間入りし、再びイタリアと日本を行き来する日々がはじまった。

二ヵ月に一度はイタリアに出張するスケジュールが三年半続いた。この時期に、社内でも新しいイタリア関係のビジネスを知ってもらおうと、社内報に書きはじめたのが「イタリアの風吹いてきた」というタイトルのイタリア紹介記事。出張中、飛行機の中で原稿を書いたりして、毎月の締め切りに間に合わせていた。

南イタリアを代表するパスタの会社、アントニオ・アマート社の紹介を皮切りに、トマト、オリーブオイルと話を広げていき、この記事は一六回続くことになる。

この三年半のあいだに、イタリアの食の世界の人々と接し、契約し、実際に食品を輸入することで多くを学び、多くの失敗を経験した。一回目のミラノ赴任で多少イタリアを知っているつもりでいた私も、南イタリアに行くと、とまどうことが多かった。それまでの北イタリアでの経験はあまり役に立たなかった。

まず話す言葉からして違う。東京で日本語を学んだ外国人が九州へ行ったようなものだろう。契約の話を詰める段になって、イタリア人と日本人とが正反対の意見にたどりつくことも多かった。その理由も、しだいにわかるようになってきた。どの会社でも、ほぼ同じところで意見が食い違う。

最初に意見が食い違うのは支払い条件だ。先方は一日でも早くお金を受け取りたいし、こちらもイタリアから入港した商品を確認せずに品代を支払うわけにはいかない。

実際に、イタリアの田舎《いなか》の銀行の支店に送金した代金が届くまでには時間がかかる。日本の銀行からイタリアの大手銀行へ、そこから中小の銀行へ、そして中小の銀行の本部から支店へ、という手続きには一ヵ月近い時間を要した。

次に、トラブルが発生した際、どこで処理するかが問題になる。

最初からトラブルを想定してビジネスをはじめる会社もないが、万が一発生した場合のことは考えておかなければならない。どこで裁定を行うか、ということについては通常訴える側が相手国で行う非国地主義がとられるが、これに同意できない場合、今度は自分に有利な国で、という交渉になってくる。すなわちイタリア側はフランスで、日本側はイギリスで、というのが一般的だ。

これは言葉の問題があるためで、それでも収まらない場合、スイスでということになる。スイスであれば、フランス語でも英語でも通じるからである。

いずれにしても、イタリアとビジネスをする際は、トラブルが生じないようにするのが第一。

一度発生してしまうと泥沼にはまってしまい、たとえ裁判に勝ったとしても、たいへんなエネルギーを使い、失ったお金についてもいつ回収できるか目処《めど》が立たないのが現状だ。

そのためには、まず、互いにいい関係を築き上げることが先決といえるだろう。

パスタ会社の凄腕《すごうで》輸出部長

イタリアの食品を輸入する仕事を担当するようになったのは、一九八七年。

事業の柱は何といってもパスタである。テレビ宣伝も入れて「アントニオ・アマート」というブランドを導入する準備がはじまった。契約書の内容の詰めや技術面での打ち合わせ、PR用の撮影と、相手がイタリア人だけにすべてに立ち会った。

この会社の輸出部門を担当し、外国との取引にも直接出かけていたのが、マリエラ・バルバラさんだった。そのかわいい笑顔がどことなく幼さも感じさせる彼女は、当時弱冠《じゃっかん》二六歳の独身美女。入社後数年間で、この会社の輸出を一五パーセント増やしたという実績の持ち主だ。

彼女はアマート社の社長の片腕として働くモーレッツ社員、ジュゼッペ・バルバラ氏の長女。一六歳で大学に入学し、二〇歳で卒業した才女でもある。

父親のバルバラ氏も娘の話になると顔をほころばせる。イタリア人男性にとって、自分の勤める会社で娘と一緒に仕事ができるのはたいへんな幸せだ。

しかし、このおとうさん、仕事上はなかなかの堅物《かたぶつ》で知られる人だった。こちらは夜中だというのにイタリアから電話をかけてきて、三〇分も怒鳴るほど。

しかし、東京で行われたイタリア食品輸入のお披露目《ひろめ》の会には親子そろって来日し、愛嬌《あいきょう》があって、また誠実さを感じさせるすばらしいプレゼンテーションをしてくれた。

サレルノでピストル強盗にあう

広告代理店のスタッフと一緒に、ＰＲ用ビデオ作成のためアマート社の本拠地、サレルノを訪問したときのことである。

撮影も終わった最終日、全スタッフ（一〇人以上はいたと思う）は、アマート社社長からレストランに招かれた。総勢二〇人以上のわれわれの食卓はレストランの奥に用意され、ちょうどメインディッシュも終わろうかというとき、突然店の入り口付近で大きな叫び声がした。

ピストル強盗だ。

強盗は三人組。一人はオーナーの金庫を開けさせ、もう一人は客の持ち物を担当し、最後の一人が外で見張りをしていた。

客を担当した男は、二〇歳ぐらいの女の子の髪をつかみ、袋をもって回ってくる。客は心得たもので、何もいわれなくても袋の中に時計や宝石を投げ入れる。

われわれはただ足がすくみ、後ずさりするばかり。髪を引っぱられた女の子が悲鳴をあげるごとに、誰もが後ずさりする。実はそのとき、私の懐《ふところ》には、スタッフへの支払い用に数千ドルの現金が入っていた。

今度はわれわれのテーブルの番だ。順番に一人ずつ、強盗が用意したズダ袋の中に貴金属やお金を投げ込む。

そんな中で、なんと彼女、マリエラさんは社長夫人の前に歩み出て、夫人をうしろへ押しやり、強盗に自分のネックレスを差し出したのだ。その直後、ちょうど相棒からの合図で強盗は飛び出していったので、われわれは事なきを得たのである。

さすがに地元の有力者である社長夫妻は、挨拶《あいさつ》もなく運転手を呼んであっという間にいなくなっていた。

しかし、われわれはこの日、契約書上のやり残した仕事があり、会社に戻り、夜中の二時までマリエラさん中心に最終打ち合わせを行った。彼女の気迫《きはく》、そして気丈夫《きじょうぶ》さにはただただ脱帽のみである。

彼女からは翌朝電話があった。

「昨日のことはたいへん申し訳ありませんでした。こんなことは私たちもはじめてです。みなさんショックだったでしょう。もうイタリアには二度と来たくないのでは……」

私も「こんなことは、おそらく私たちにとっても最初で最後の経験だと思う。次の機会にも喜んでうかがいます」と答えたが、社長からも同様に電話があり、地元のイタリア人にとってもよほどショックだったのだろうという気がした。

実のところ、その夜寝る前にホテルの部屋の鍵を何度もかけ直したことを同僚とうち明けあって大笑いした。なかには「家族の顔が浮かんできて……」という同僚もいた。

このときのことは、当時の事件簿にしっかりと記録されることになった。

パスタの会社は南イタリアにあり、それまでミラノ周辺しか知らなかった私にとって、この会社との仕事で得た感覚は貴重だったように思う。

物事が比較的スムーズに動くミラノでの仕事と違う南イタリア的なしくみは、結局人間が作っているもので、大切なのは人間。お互いの信頼関係が重要だということを知らされた。

契約は契約、交渉は交渉だが、万事は生身の人間が決めること。

このころから、「イタリアだから……」「イタリア人だから……」ということは考えず、逆にむずかしいから価値があると考え、粘《ねば》り強くイタリアとつきあっていこうと思うようになっていった。

七月から九月は「仕事人間」に変身

イタリアから輸入する加工食品で、パスタの次に重要なのはトマトだった。トマト会社の選定には時間を要した。トマトを生産する会社は、トマト伝来の歴史から、ナポリの南に集中していた。

今われわれの知っている赤いトマトは、一五〇〇年代のはじめ、中南米からスペインのコロンブスの艦隊によってヨーロッパに運ばれ、当時スペイン王がナポリ王も兼ねていたことからナポリにももちこまれ、ヴェスーヴィオ火山の麓《ふもと》、現在のサン・マルツァーノ村周辺で赤い色をつけたことからはじまる。それまではPOMO《ポモ》・DI《ディ》・ORO《オーロ》（黄金のリンゴ）と呼ばれ、観賞用にされていた。

こうした歴史から、ナポリの南では一九〇〇年ごろからホールトマト（皮が取り除かれた丸のままのトマト）缶の加工がはじまり、工場が集中することになった。原料生産地のほとんどが、さらに南のプーリア地方に移ってからも、工場はこの周辺に多く、われわれがいくつかの会社を訪問した際、一社、二代目の若い社長がすべてを切り回している会社があった。

この会社は、サレルノから少し内陸に入ったエボリという町にあった。二〇世紀はじめにトリノに住む作家、カルロ・レーヴィが、この町より南の「ルカーニア」と呼ばれる地域は、陸の孤島となっていて、一〇〇〇年以上も昔と変わらない生活をしていると指摘したことから「キリストはエボリの町で立ち止まった」という言葉が有名になり、エボリの名もイタリア中で知られるようになった。

このエボリで父親から会社を譲り受けたジュゼッペ・デ・マルティーノ氏は、ローマ大学で法律を学び、卒業したあと、実業家に転身した。

彼はとにかく熱心で勉強家だった。技術的な質問にも法律の質問にもきちっと答えられた。

意外なことに、彼には日本との縁があった。

サレルノ大学で法律を教える奥さんのヨセ・マリアさんと知り合ったのは、なんと東京。ビジネス研修で日本に来ていた彼は、宿泊していたホテルニューオータニで、父親の学会に同行していた彼女とはじめて会った。

彼は彼女の父親に、イタリア語の新聞を読ませてほしいと頼んだのがきっかけだったといっている。が、本音はどうだったか……。

その彼が七月から九月の収穫時期に入ると、すさまじい仕事人間に変身する。

七〇日間で一年間販売する分のトマトを缶詰にしてしまうわけで、集中力を要すが、その姿はとても南イタリアの人とは思えない。

朝の六時から夜の一一時まで仕事をする。家族はバカンスに行かせて、自分は工場に泊まり込むのだ。

デ・マルティーノ氏の提案で、日本でいくつか新しい商品を生み出した。甘みの強いプチトマトのパッサート（液状のソース）。プチトマトのホールトマト。これらの商品は当時としては珍しく、話題となったが、次の年にはもう他の会社がコピーしていた。開発には時間を要したが、楽しい仕事だった。

「アミーコ」は一生の宝物

その後、私がトマトの仕事からはずれてワイン主体の仕事になってからも、デ・マルティーノ氏は、ナポリに来ることがあれば必ず連絡するように、といってくれた。何度か連絡を入れたのだが、彼は私のために必ず都合をつけてくれた。

そして、私が食材やワインに興味があるのを知っていて、いつも珍しいところに連れていってくれる。アマルフィ海岸の漁村、チェターラにあり、ローマ時代のガルム（魚醬《ぎょしょう》）の流れをくむコラトゥーラ・ディ・アリーチという独自のイワシの魚醬を出す店。モッツァレッラの工場。オープンしたばかりのエノテカ・ワインバー（食事のできるワイン販売店）など。

たしかにはじめはビジネスであり、ビジネス上の関係から自分によくしてくれるのだろうと思っていたが、互いをよく知り、人間関係ができあがると、本当の「アミーコ」（友人）の世界が生まれる。私の経験では、イタリアの北より南のほうがいっそう強いように思われる。

よくイタリアは「アミーコ」の国だといわれるが、その「アミーコ」の内容にはかなりの差がある。一度会っただけでも「アミーコ」といってのける輩《やから》もいれば（日本人にも多い）、面と向かって「アミーコ」とはいわないが、困ったときにはいつでも力になってくれる人たちがいる。

イタリアに長く住んでいたといっても、私もイタリアに行けば外国人だ。

当然のことながら、イタリアも制度的には外国人向きではなく、イタリア人に都合のよいようにできている。そんな中で、外国人である私がむずかしい問題にぶつかったとき、何の抵抗もなく助けてくれる。

イタリアの「アミーコ」は一生ものだと思えてきた。

勤勉な会社、メニュー社

イタリアからの輸入食材といえば、パスタ、トマト、オリーブオイルが柱となるが、それに次ぐ食材が必要だった。そこで、「イタリア独自の食材で、加工してあるものが欲しい」と、イタリアの食の大家、ブォナッシージ氏に相談すると、すぐにモデナの近くにある「メニュー」という会社のジリアーナさんを紹介してくれた。

彼女はこのファミリーカンパニーのオーナーのひとりで、バルビエーリ社長のお姉さんであった。料理が好きで、自社製品の開発においては加工食品といえども製品の味にこだわる。何度試作しても、彼女が納得しなければ商品として日の目を見ることはなかった。

　また、工場長のカペッツリ氏も真の技術系という感じの生《き》まじめな人で、理想の工場を目指して無菌充塡機《むきんじゆうてんき》やロボット操作のストックヤード（製品倉庫）の現実化に力を注いでいた。

　この二人をまとめるのが、勤勉で柔軟な考えの持ち主であるバルビエーリ社長だ。

　トップ三人の三角関係がうまく作用し、会社はどんどん成長していった。私が通いはじめた一九八六年から一〇年ほどのあいだに、敷地面積で五倍ほどの広さになった。

　最初訪問したときには、モデナの高速の出口を下りて、ヴェローナに向かう国道一二号線に沿ったこの工場を見過ごしてしまい、逆戻りしたほどだったが、一〇年後には、この大きくなったメニュー社を見過ごすことはなくなった。

「ヨーロッパ内にある五万軒のレストランに食材を届ける」

「レストランもこれから人件費が高くなれば、加工した野菜や食材を使わざるを得なくなるだろう」

　といって、バルビエーリ社長は景気が悪い中、大きな投資を行っていた。

パンナコッタ発掘の顚末《てんまつ》

　最初に日本向けに商品化したのは、ポルチーニきのこと丸のままのアーティチョーク（朝鮮アザミ)、大きめに切った色つきピーマンの三品。業務用の大きめの缶入りだった。

これらの商品は、しばらくのあいだ人気商品となった。

続いてソース類、ほかの野菜、バルサミコソースと開発していったが、あるときパンナコッタ用の粉末に興味をもった。

早速、工場のすぐ横に建てられたトラットリア風の試食専用レストランで作ってもらった。一口食べてみると、なかなかうまい。レストランで出しているものよりもさっぱりとした口あたりで、味わいもいい。

作り方は、粉末に牛乳と生クリームを一対一の割合で混ぜ、ボイルして冷蔵庫で冷やすだけという簡単なものだ。パンナコッタは、レストランで作っても、原料が変わるとなかなかうまく固まらないむずかしいものだったから、この粉末の簡便性はきっと日本でも受けるだろう。

だが、商品化に取りかかってからがたいへんだった。

この粉末はヨーロッパ各地から集められた粉のブレンドで、分析書を集めるのに時間を要した。見本を日本に送ると、日本では許可されていない凝固剤《ぎょうこざい》が使われているという。

今度は日本向けに使える凝固剤を使用し、再度味見をすると、味が薄い。もう一度配合を変え、何度か試作するうち、満足のいくものができあがった。

日本ではすでに「ティラミス」のブームが去ろうとしているときだった。

日本サイドとの話から、思い切ってこの粉の入った小袋を、数百店のイタリアンレストランにダイレクトメールしよう、ということになった。

そしてこの年の年末、あのパンナコッタブームが起きたのである。

クリスマスシーズンを目前に控え、ものすごい量の注文が入った。日本にある在庫だけではとても間に合わない。比較的軽い粉末ではあったが、大量に空輸した。ところが、クリスマスが終わると、今度はパッタリと注文がとだえてしまった。

商品化には、技術者が加わったやりとりを何度も繰り返し、時間を要したのに、ブームはあっという間に下火になり、在庫の山となってしまった。

しかし、今でもときどきレストランのメニューで「パンナコッタ」とあるのを見ると、自分たちがブームに火をつけたんだ、という自負で、何となくほくそ笑んでしまうのだ。

グリッシーニとの出会い

北イタリアのトリノ周辺で生まれたグリッシーニも、同じように発掘し、日本に紹介した食材のひとつだった。

ある日曜日、マッターホルンに続くモンテローザ山に近いスポーツ品メーカー、フィラの工場で知られるボルゴ・セジアという山奥の小さな町の近くに別荘をもつアンジェロとマス釣りに行った。

セジア川の上流には、トロータ・ナトゥラーレと呼ばれる銀色の天然の川マスがいた。朝早くから準備をして現地に着くと、前日からの雨で川はこげ茶色の濁流《だくりゅう》となっている。とても釣りどころではない。

それでもあきらめきれずに、しばらく川の周辺を歩いてみたが、結局歩き疲れて近くのトラットリアでひと休みということになった。BAR《バール》とトラットリアを併設した店だったので、まずカフェ（エスプレッソ）を飲みはじめた。

天気が悪いこともあり、店内は田舎独特の暗さだったが、BARには近くの人たちが集まっていた。年寄りは四人でカードをやっている。若い人は音を立てながらゲーム機に向かっている。

朝からの疲れもあり、ボーッとしていたが、時間になるとアンジェロが昼食にしようという。トラットリアのほうに移動してワインを飲みながら昼食をとりはじめた。

アンジェロが、せっかくここまで来たのだから何かおもしろいことはないか、としばし考えた末、グアリーノがある、といいだした。近所のロアジオにあるグリッシーニ工場だ。

食事中だというのに、アンジェロはグアリーノ氏に電話を入れる。彼は家にいた。

さらに、日曜日だというのに食事が終わったら迎えにいくといって、実際連れにきた。休みの日に工場を開けるなど、イタリアでは普通考えられないことだ。

右手の指が三本しかないグアリーノ氏は、自分で機械を作っていて指をなくしたと、こともなげにいう。小さいときから機械いじりが好きで、車も自分ひとりで組み立てられると、自慢げだ。

五〇メートルもあろうかというグリッシーニを焼くラインをひととおり見せてくれたあと、ゴマ入りやハーブ入りなど、いろいろな種類が入ったグリッシーニの箱をひと箱、アンジェロの車に載せてくれた。

たいへんおもしろかった、とお礼をいって帰り、もらったグリッシーニの箱を開けてみると、中にはFOB価格（輸出用価格）の入った手紙が入っていた。この素早さにはおそれいった。

あれ、これは商売用の見本、と思ったとたん、何か気が引けてしまったが、とりあえず小箱を開けて食べてみると、なんとサクサクして甘みがあって、おいしいではないか。

さらに価格を見ると、なんたる安さ。これなら、日本に運んでも安く売ることができる。早速製品化することになった。

数年後には、年に何本ものグリッシーニのコンテナが輸入されるようになったのである。

ビジネスの基本は人にあり

こうしたイタリア人とのビジネスで学んだことは、「イタリアのビジネスの基本は人にあり」

ということだった。

日本では会社があってはじめて個人の能力が発揮できるしくみになっているが、イタリアの、とくにラテン的な世界では、まず人対人からビジネスがはじまる。

たしかに会社対会社の契約は取引の基本であり、尊重されてしかるべきだし、法のもとに処理されるのが常識だが、この常識自体が異なっているのだ。

だから、イタリアとのビジネスは、どれだけ信用のできる人物とビジネスができるか、ということに尽きる。万が一トラブルが起こっても、互いの信頼関係があれば何とか収めることができる。

イタリア人は信頼関係をもっとも大切にする。日本で人事異動があれば(通常六ヵ月ごとにあるが)、必ず「今度のカポ(ディレクター)はシンパティコ(愛想がいい)か」と聞いてくる。

つまり、人間関係を上手にやっていけるかどうかが気になるわけで、ビジネスを仲よくやりたいというイタリア人の本音が、こんなところからもうかがわれるのだ。

再びミラノへ

イタリア食品を輸入し、販売する仕事が一応軌道に乗り、ひと息ついたころ、ミラノ事務所開設の話がもちあがった。

一九九二年のヨーロッパ統合の動きの中で、イタリアにも駐在員事務所が必要との判断が下り、一九九〇年四月、再びミラノに赴任することになった。

最初の数ヵ月は単身赴任だった。このとき、食の達人、ブォナッシシージ宅で週に一、二回は夕食のお世話になった。外での招待ディナーにお供させてもらった機会もあわせると、さらに回数は増える。そこでは多くのブォナッシシージ氏自身の友人を紹介された。医者、弁護士、彫刻家、画家、オペラ歌手、テレビ司会者、映画俳優と幅広い。

自分の知っているほとんどすべての人を紹介してくれた。

最初はちょっと派手な世界だと思っていたブォナッシシージ夫妻の友人の輪の中に何となじめるようになったところ、日本から家族が到着し、これまた大パーティをしてもらった。実は、これはこのあとに続く九年間、ブォナッシシージ宅で行われた数え切れないパーティの第一回にすぎなかったのだ。私の誕生日、子どもの誕生日と、その都度アンナさんは各自にプレゼントを用意してパーティを開いてくれることになる。

有名人でいっぱいの食事会も多かった。八人掛けのテーブルが一席空いていると、必ず私に電話がかかってきた。

まわりはテレビでよく見るような顔ばかりだ。私はそんなとき、ワイン係に徹して、多少のワインに関する知識をひけらかすこともあったが、黙って座っているよりも、かえって気が楽だった。ちょっと食通でワインがわかる日本人として紹介され、覚えてもらい、多くの有名人の知人ができることになった。

業界の誰もが認めるブォナッシージ氏から「この男はすごい」と紹介してもらうだけで、何の面識もなかった有名人が気楽に話しかけてくれる。相手も慣れてくると、私が外国人なのであまり意識をせずに自分たちの話をしたり、ときどき日本のことを聞いたりするのがけっこう楽しみだったらしい。

さらに日本料理の説明ができたり、ワインがわかったりすることも、気に入ってもらえる要素になっていたようだ。

だが、自分を磨くことも忘れてはならない。

何でも助けてくれたフォローニ夫人から、あるとき面と向かって、

「あなたのイタリア語、きちっと敬語を使い、もう少しグレードの高い表現ができるように努力しなさい」

といわれたことは、今でも覚えている。

今、イタリアでプレーしているサッカーの中田《なかた》英寿《ひでとし》選手を見ていて感心する。彼は実力のあるプロとして、イタリア人の中でも認められている。

イタリアでは実力があり、本物であれば、肩書などなくても評価される。たとえ外国人であっ

ても、その実力は認める。つまり、イタリアで知人を多く作るには、何か得意なものをもつことが、まず早道ということだろう。

またイタリアでは、横のつながりと個人のパフォーマンスが重要だ。会話の輪に入れず、めいってしまうような会食の席で、思い出したかのように意見を求められることもある。そんなときに自分の考えをいえなければ、存在をアピールすることはむずかしい。

そういう意味でも、ブォナッシージ宅での会食の機会ははじめて会う人も多く、スリリングで刺激的だった。

第三章　「貧しい国イタリア」の豊かな暮らし

年収四〇〇万円で別荘ライフ

イタリア人の年収は、平均四〇〇万円ほどだという。手取りで二四〇万円ぐらいだろうか。これは日本人よりも少ない金額だ。

イタリアの北と南の所得の差は激しく、南イタリアの平均所得は北の半分ほどだが、その分不動産や物価も安いので、それなりに生活できる。

大都市や街の中心地でなければ、床面積一〇〇平方メートルのアッパルタメント（マンション式の家）が一〇〇〇万円程度で購入できる。

結婚を決めたカップルは、まず二人でためたお金と両親の助け、それにムトゥア（健康保険組合）からお金を借りて家を購入する。そして結婚式の当日には招待者をよんで新居のお披露目《ひろめ》をする。

やがて子どもが生まれ、多少の余裕ができると、今度は別荘の購入を考える。とにかく年間三〇日以上の休暇取得が義務づけられているので、しっかりと時間を過ごせる場所が必要だ。

イタリアの労働者は、年間に三十数日の有給休暇をもっている。このこと自体は日本とあまり変わらない。違うのは、その消化法だ。

イタリアでは、共和国憲法第三六条で、有給の年次休暇取得の権利を有するだけでなく、これを放棄《ほうき》してはならない、と決められている。さらに、与えられた有給休暇を消化しないと、年度末には会社が買い上げなければならないことになっている。しかも五〇パーセントの税金つきだ。

これでは会社もたいへんな出費となってしまうので、夏場には従業員に思い切り夏休みをとらせる。そのほうが、ほかの大切な時期に休まれるよりもありがたいと考えるからだ。

私もミラノでレストランの支配人をしていたとき、毎年八月は日本人のみで営業した。客の少ないこともあったが、とにかくこの時期に休んでもらわないと、九月、一〇月の繁忙《はんぼう》期に仕事に集中してもらえないからだ。

最近では八月に丸々一ヵ月休む会社も少なくなったが、それでも二週間程度は会社を閉める。日本企業でも八月は一ヵ月休業し、年間のバランスシート（経営計画）を一一ヵ月で組む会社もあった。

私が仕事の関係で通っていた南イタリアのパスタメーカーは、夏場は自主的に勤務時間を短縮していた。朝の八時から昼の二時まで働き、それ以後はお休みということだ。

このほうが夏の暑い時期、労働効率も高いし、すでに休みに入っている子どもたちと一緒に海水浴に行けるというわけだ。

「人間らしい暮らし」を実践している例といえるだろう。

「貧しい国」の豊かな労働者

イタリアでは、年度末で学校が休みに入る六月中旬から新学期のはじまる九月初旬まではバカンスの時期になる。みなこの長い休みをどう過ごしているかというと、自分たちの別荘で過ごす人が多い。

私の住んでいたミラノ郊外の一二〇平方メートル程度のマンションは一五〇〇万円ほど（当時）で購入でき、山や海の別荘も、贅沢《ぜいたく》をいわなければ一〇〇〇万円以下で購入できた。今でも立地の贅沢をいわなければ、七〇〇万〜八〇〇万円で五〇〜六〇平方メートルの別荘が購入できる。

気候がよくなるパスクワ（イースター）のころに別荘の準備をはじめ、何回か週末に整備に行き、夏までに仕上げる。

七月、八月のバカンス時期には、ファミリーで移ってゆっくりと過ごす。仕事のある期間は、金曜日の午後に別荘に向かい、月曜日の朝は別荘から出勤する。

私のいたレストランでは、この時期、ウイークデーにはアバンチュールを楽しむ年齢差のあるカップルの客がけっこうあったが、週末はガラガラになっていた。

話をバカンスに戻すと、イタリアではそれほどお金持ちでない普通の労働者でも、計画的にお金を用意すれば別荘をもつことは夢ではない。また、その別荘で過ごす時間も十分に確保できる。

「人間らしい暮らし」がある程度保証されているのだ。

決して贅沢をしているわけではない。金銭的な余裕と時間的な余裕の両方があるということである。どちらが足りなくても自然な楽しみ方はできない。

イタリアのすごいところは、国は貧しいといわれながら、普通の労働者がこの両方をもてるしくみを作り上げたということだろう。

ミラノに住んでいたころ、ミラノからヴェネツィアに向かい、ガルダ湖の北に位置するメラーノという避暑地《ひしょち》に別荘をもち、毎年そこにナベ、カマを車に積んで行く友人がいた。しかも、行き先の隣近所はミラノの人ばかりだ。

その彼に質問したことがある。

どうしてナベ、カマまでもって、まわりの人間もあまり変わらないところへ行くのか、と。

すると友人いわく「空気が違う」。そして、

「こんな贅沢はない。自分は仕事をして生活の糧《かて》を得ている以上、生活環境があまりよくないミラノでも住まなければならないが、バカンスのときぐらい空気のいい田舎《いなか》でゆっくりと人間的に過ごしたい」という。

もっともな返事だ。われわれ日本人は、どれだけ自分たちの生活環境のことを考えているだろうか。

私がミラノへ二度目の赴任をした最初の冬のことである。

二人の子どもが、二人とも気管支炎になった。医者に、二週間はミラノを離れなさいとすすめられた。というのは、冬のミラノは風がないため、排気ガス汚染がひどいからだ。

そこで、思い切ってクリスマスから正月にかけて一〇日間ほど休みをとり、山奥のスキー場に行ってきた。

帰ってきて、しばらくして気がついたのだが、医者のいうとおり、二人の子どもの気管支炎は自然に治っていたのである。

貸別荘で余裕のバカンス

ミラノでアルコール類の売り込みをしているうちに、すっかり仲よくなったセールスマンのジャンカルロ・ディ・マルティーノとはときどきテニスを一緒にやっていた。

几帳面《きちようめん》な男で、お金の使い方もきっちりしていた。

イタリアのセールスマンのカテゴリーは、リーベロ・プロフェッショナリスタといって、独自の職業として認められている。

もちろん夏休みは勝手にとれるのだが、夏休み前の気候のいい時期には、毎年必ずミラノから車で二時間弱の、マジョーレ湖より少し標高の高いジニェーゼという小さな村にある別荘に行っていた。

湖を見下ろす高台《たかだい》は標高が四〇〇メートルほどあって、夏は涼しい。近くにはテニスコートなどもあり、夏になると友人を呼んで、内輪のテニス大会をやっていた。

最初、その別荘は彼の持ち物だとばかり思っていた。あるとき、ここはいくらだった？ と聞くと、アフィット（借家）だという。

一〇〇平方メートルの広さで、年間約三〇万円（当時）である。

なるほど。これなら別荘を買うためにお金を借りてイタリアの高い利子を払うよりも、子どもたちが家を離れるまで借りておいたほうがいい。

ディ・マルティーノは、状況が変われば、また別の家を借りればいいと考えていた。

夏になるとミラノを離れてこの別荘に来るのだが、家の中はミラノの自宅とあまり変わらない。地元の人が住んでいる普通のマンションの三階だが、長く契約しているので、家具は少しずつ買い足したという。

ベランダは谷側につきだしていて、下から涼しい風がわき上がってくる。夏でも夜には毛布がいる涼しさだ。緑も青々としていて、坂道の多い自然の中を歩くのもいい。天気しだいだ。

週末には二人の子どもも別々にやってくる。二人とも車をもっていて、フィナンツァート（婚約者）も連れてきていた。

決して贅沢ではない。夏の家を借りて、ゆったりと普通の生活をしているだけだ。大金を使わなくても豊かに過ごしているよい例といえるだろう。

イタリア式節約生活

イタリアのパスタは、生産者に補助金が支払われているため、消費者向けには安い価格に保たれている。一方日本では、これとは反対に米は高値に保たれてきた。つまり負担は直接消費者がかぶっていることになる。

イタリアのトマト、オリーブオイルなども、パスタ同様生産者を守るための補助金があり、一般市民向けの価格は安い。

野菜についても季節の野菜をメルカート（青空市）に行って購入すれば、キロ単位で安く買えるので節約できる。

タンパク源となる肉加工品についても、熟成《じゅくせい》を要するサラミに比べ、熟成させていないサルシッチャ（ソーセージ）ははるかに安く手に入る。このサルシッチャも、煮たり焼いたりすればおいしい肉製品だ。

同様に生ハムやチーズも、メルカートに行けばけっこう掘り出し物がある。パルマの生ハムとか、パルメザンチーズなどのブランド品でなくとも、ノストラーノ（地元の）と呼ばれるものを試食させてもらい、気に入れば、ブランド品の半額ほどで購入できる。

ワインは近くのワイン生産地に行ってダミジャーノ（五〇リットルほどのガラスの器《うつわ》）で買ってくる。自宅でスポイトのような器具を使って通常の瓶《びん》に詰め替えれば、自分のワインが年間をとおして楽しめる。しかもリッターあたり一〇〇円以下の安さだ。

ワインを持参した瓶に詰めて売ってくれる。1人あたり年60リットルを消費するイタリアならではの風景だ

下着やパジャマ、その他の日用品はメルカートで、靴や衣類は毎年一月と七月にあるサルディ（バーゲンセール）で購入すれば、三割から五割引きになる。

交通機関にも割引があ

り、バスやメトロ（地下鉄）、トラム（路面電車）の割安な回数券を使えばいい。

バカンスもレンタルの家を月単位で借りれば安上がりだ。

万が一、病気になったら地域の保険医に行けば、ほとんどお金はかからない。

これがナポリであれば、かかるお金はさらに少なくてすむ。とくに食に関して、おいしくて安いものがたくさんあるからだ。

街の店先で売るパンツァロット（ハムやチーズなどを生地で包んで揚げたもの）は、一個一五〇円程度で歩きながらも食べられ、これ一個で十分昼食になる。

トマトとオリーブオイルたっぷりのピッツァであれば、一切れ二五〇円程度で栄養バランスのよい食事になる。

ということで、イタリアには年間の手取り額が二〇〇万円以下でもゆったりと生活している人がいた。

決して貧乏ではなく、それなりに節約して、少ないお金で豊かに生活している。イタリアならではの暮らしぶりだろう。

ブランド品も破格値で

イタリアでは、毎年クリスマス前になると、みなすさまじい数のクリスマスプレゼントを用意する。私の知人にも、一ヵ月前から準備をはじめ、一部屋つぶしてプレゼントを山積みにする人がいた。

イタリアのナターレ（クリスマス）は全イタリア的なイヴェントだ。プレゼントは子どもも含めて、日頃かかわっている人すべてに贈られる。家族はもちろんのこと、アパートの管理人さんから友人、愛人、会社の同僚まで。

一二月に入ると通常は営業していない日曜日もほとんどの店が営業する。つまり一ヵ月近くもかけてプレゼントを用意することになる。

また、一二月に入れば、日が短くとも通りという通りには工夫をこらしたクリスマス用のネオンが灯され、気分も盛り上がる。

この時期にはクリスマスパーティも多く催《もよお》される。友人と、同僚と、学校のサークル仲間と、そして家族と。このパーティで会う人にはプレゼントを持参して渡し、その他の人には送付する。

日本の生活に慣れたわれわれにはバブリーに思えるが、毎日が楽しい時期であることは確かである。

ただ、プレゼントをもらうのはうれしいが、今度はこちらからのプレゼントを何にしたらよいかと困ってしまう。

そこで私は毎年同じものを用意した。

ちょうど日本の盆暮《ぼんく》れのお中元《ちゅうげん》やお歳暮《せいぼ》のようだが、日本のように住所を書いてお金さえ払えば、百貨店が全部やってくれるわけではない。

中身は事前に用意しておき、包装紙を買ってきて自分で包む。

中身選びはというと、これがけっこう気をつかう。ふだんつきあいのある人たちだけに、好みは知っているものの、日本のように日用品を贈るわけにはいかない。

私はスカーフ、マフラー、ネクタイに決め、毎年買いにいくところも決めていた。コモでデザイナーをしている前田さんに紹介してもらったところだ。コモ湖畔《こはん》のチェルノッビオというところに優雅なアトリエがあり、彼女は独立するまでそこで働いていた。

このラッティという会社は、絹製品専門のメーカーで、イタリア、フランスの有名ブランドを多く作っていた。セリーヌ、カルダン、ヴァレンティノ、フェンディ、レオナルド、コーヴェリ……。

実はここで、日本で使うプロモーション用のスカーフやネクタイを特注したことがあり、私も従業員価格で購入することができた。ブランド品が、市場価格の三分の一程度になったのだ。

とはいうものの、ときどき日本からの土産《みやげ》だよといって、責任者の女性に小物をもっていっていたのだが。

ほかにも、前田さんと彼女の旦那《だんな》さんのマルツィオに連れていってもらったり、教えてもらったりしたところは多い。ほとんどが工場のスパッチョ（直売店）で、工場に隣接している。スイスとの国境でバリーの靴工場の技師をしている人のところへも行った。靴のサンプルをたくさんもっていたので、一度に何足もゆずってもらった。それも日本ではありえない金額でだ。

ベルト、カバンなどの革製品は、ラ・グレーカという男にキャンペーン用の小物を作ってもらっていたので、何軒か紹介してもらった。ブランド品ではないが、とても信じられないような値段だった。物の原価はこんなものか、とも思ったが、私は商売をしているわけではないので、自分で使うものだけを購入した。

マルツィオの友人、ファッビオには家具の工場へ連れていってもらった。イタリア的で小さめの飾り棚を探していたが、なかなか見つからない。だが、ちょうど試作中で、ぴったりのサイズのものがあり、これを後日送ってもらうことにした。

この棚は気に入って、今でも日本の自宅に置いてある。

時計はディ・パルマのところで買った。値引きはもちろんのこと、修理もきちっとしてくれる。彼の店は前出のセールスマン、ディ・マルティーノの家の一階にあり、彼らは家族ぐるみでつきあっていた。

イタリアでは、何を買うときにも相談すれば、誰かが融通《ゆうずう》をきかせてくれる。みなお金がないわけではないのだが、定価よりも安く買えるのを楽しんでいる。

こうした中にも、人と人とのつきあいを大切にするイタリア人の素顔が見えてくる。人のつてで少しでもお金を節約し、何か豊かになった気分で過ごす。

これがイタリア人のイタリア的やり方なのだと思う。

BAR《バール》を楽しむライフスタイル

イタリアには、どんな小さな村に行ってもBAR《バール》だけはある。その数は一五万軒。街の中心部では数軒並んでいることもあるが、よく見ると隣接しているBARはそれぞれ機能が違っている。

しかし、共通することはカウンターがあり、エスプレッソコーヒーが出てくることである。一日に何回も立ち寄るBARは、イタリア人にとって欠かせない存在になっている。

このBARの歴史を考えるうえで、まずBARの基礎となったと思われるカフェについて簡単にふれておこう。

ヨーロッパの歴史上最初のカフェ、つまり喫茶店のようなものは、ひとりのポーランド人によって一六八三年、ウィーンに開店した。当時ウィーンの街はトルコ軍に包囲されていたが、トルコ語を知るコルシツキーが援軍を求める使者の役を買って出、トルコ兵に変装して街から抜け出し、みごとウィーンを救った。そのとき、トルコ人が残していった大量のコーヒー豆が彼に与えられ、このコーヒー豆を使って最初のカフェが開かれた。

これに続き、ヴェネツィア、パリ、ロンドンというふうに、それまでトルココーヒーを知らなかったヨーロッパ各地にカフェが開かれていった。

やがてカフェは作家や芸術家たちの溜《た》まり場《ば》となり、文化や政治思想の展開にとって重要な役割をもったといえる。

こうして、一九世紀末から二〇世紀にかけて、カフェは長時間いられる場所という位置づけにあったが、その後、世の中の流れは大きく変わっていった。ゆったりとカフェに座って話をする時間もなくなった。

しかしラテンの国、イタリア人の生活には人との交わりは欠かせなかった。

そして今日のBARの形式が生まれたのは、一八九八年。フィレンツェに住む食料品商、アレッサンドロ・マナレージという男が、立ったままコーヒーを飲ませるという、それまでにないまったく新しい形の「BAR・マナレージ」をオープンした。

多くの人はこの立ったままカウンターでコーヒーを飲む店にびっくりして、カフェ・ディ・デイリッティ（立ったままのカフェ）と呼んだ。

商売人であったマナレージは、この店にコーヒーのみならず、自分が扱っていたリキュールやビスケット、ブリオッシュ、菓子などの食品も置いて、エレガントにゆっくりと過ごすカフェとは違う、食を充実させた店にした。さらにコーヒーそのものの価格を抑え、誰でも入ることのできる価格にしたため、一般人も多く来店するようになった。

そして庶民の要望に応える形で機能を変えていったBARは、コーヒー豆の大量消費などによるコーヒーの低価格化にともない、その数は増えつづけ、人の集まるあらゆるところにBARがつくられた。

これらのBARは複合化し、タバコを売ることのできるBAR・タバッキ、ワインを売るBAR・エノテカ、アイスクリームを売るBAR・ジェラテリアなどができた。

また、ディスコやナイトクラブ、ビリヤード場、テニスクラブ、ボートハウス、駅など、とにかく人の集まるところにBARができていった。

かつてはイタリアの男たちにとって、BARはセコンダ・カーザ（第二の家）といわれた。男たちが通う遊び場であり、情報交換の場であった。

夕食の仕度ができた奥さんが、亭主《ていしゅ》をBARに呼びに行くことなどははばかられた。

しかし、今日ではBARは老若男女《ろうにゃくなんにょ》を問わず、すべての人々の要望に応えられるような店づくりになっている。

ＢＡＲでくつろぐ人々。フィレンツェの街角にて

出勤前から夕食後まで

ＢＡＲにはいろいろな使い方がある。朝の通勤途中で立ち寄り、カプッチーノとブリオッシュをほおばる。これで朝食は二分でＯＫ。

昼はパニーノ（パンに生ハムやチーズなどをはさんだもの）で簡単なランチ。時間がなければ立ち食いもよし。座ることもできるが、座ると値段が一・五倍から二倍になる。というわけで、立食だと多少のセイブマネーにもなる。

夕方、帰宅前の一杯も悪くない。連れがいれば、辛口スプマンテ（発泡性《はっぽうせい》ワイン）がおすすめだ。カウンターのフォカッチャやカナペを食べながらであれば、しゃれた気分になれる。

食事のあとや映画のあとにも、遅くまで営業するＢＡＲではカクテルやハードリカーも楽しめる。気候がよければ屋外も気持ちがいい。ただし、きっちりと飲みたいときにはホテルのアメリカン・バーに行けばいい。

しかし、これらのBARを使い分けるには、それぞれの店のよさを十分知っておく必要がある。

カプッチーノがおいしい店、ブリオッシュがおいしい店、パニーノの種類が豊富な店。独自のカクテルをつくる店など。

自分の行動半径内にあるBARの特徴を知ったうえで、TPOに合わせて使い分ければ、もうBARの達人。

時間が許せば、人通りの多い街中のアーケードの通路に面した席に座ってみよう。時間の制約をもたないおじさんたちは、街を闊歩《かっぽ》する若者やナイスレディーの品定めに余念がない。

イタリア人にとってBARは、彼らが自分らしく生きるための道具になっている。もし、BARがなかったとしたら、彼らがイタリア人らしくふるまえる舞台がなくなってしまうような気がする。

舞台装置としてのミオ・BAR

イタリア人が一日に何度もBARに行くのは、エスプレッソが安いからか。

エスプレッソがおいしいからか。

気分転換ができるからか。

誰かに会えるかもしれないからか。

たぶん、その全部が正解だろう。

誰もが自分のまわりに一〇や二〇のＢＡＲがあるのは知っている。しかし、なじみのＢＡＲはいくつもない。

自分のお気に入りのＢＡＲを「ＭＩＯ・ＢＡＲ《ミオ・バール》」（自分のＢＡＲ）と呼ぶことにしよう。

店のオーナーをよく知っているとか、気の合う友だちが集まるとか、格好のいいバリスタ（ＢＡＲで働く人）がいるとか、キャッシャーの娘がかわいいとか、憧《あこが》れの彼女に会えるかもしれないとか……。

イタリア人は、この「ミオ・ＢＡＲ」を上手に使う。「ミオ・ＢＡＲ」は自分がパフォーマンスできる舞台装置みたいなものだ。装置が整えば、あとは機会を待つのみ。

道で友人、あるいは知人と出会い、近くの「ミオ・ＢＡＲ」に連れていく。ＢＡＲのオーナーやバリスタと仲よく話をし、自分が店の常連客であることをアピールする。どの程度演技できるかは本人しだいだが、このときにかかる費用はエスプレッソ二杯分。しめて二五〇円程度だ。

イタリア人はＢＡＲで自分のパフォーマンスをするかたわら、情報収集にも余念がない。

イタリアでは日常生活を送るうえで、法律や規則に関する情報をどれだけもっているかが重要になる。もちろん規則は規則だが、これをどう解釈するかがポイントになるからだ。

たしか一九八四年ごろだったたと思う。

コンドーノ・イッレゴラリタ・フォルマーリといって、期日までに一定の税金を納めれば、当局は過去五年間の税務監査を放棄する、という内容の法令が出された。一度監査が入れば何かとややこしいことも起こりうる、ということは誰もが知っているため、少ない労力で税金を集めようという当局の奇策だった。

当のイタリア人は、この法令が本当に機能するのかどうか様子をみようということになり、まわりの人はどう対処しているか、情報収集がはじまった。

大半の人が納めるのであれば、その方向で動くが、納める人が少なければ、この法令は機能しない。だが、一度税金を支払ってしまえばお金は戻ってこない。

ちなみに、私のレストランは外国人の会社ということで、税理士と相談のうえとりあえず納めることにしたが、会社のカテゴリーによってかなり金額が違っていたので、納めないイタリア人も多かったようだ。

この例からもわかるように、有益な情報をもつ友人をどれだけもっているかが大切なわけである。

こうした前提から通うBARも決まってくる。街の角という角にBARがあっても、それぞれが存続できる理由がここにある。

BARの使い方を覚えれば、イタリア人のライフスタイルそのものが見えてくる。

外食好きなイタリア人

イタリア人は外食が好きだ。家族で週に一度は出かけるというファミリーも多い。しかし、誰もが同じような店に行くわけではない。自分の予算内で、自分の行きつけの店に行く。ちょうど「ミオ・BAR《バール》」に立ち寄るのと同じように、自分たちのなじみの店に行く。

家族四人で月四回外食したいと思えば、自然と行くことのできる店は限られてくる。そこで、気に入った店に通うようになるのだ。

イタリア人のイタリア人らしいところは、このへんからはじまる。

なじみの店になった店主のほうも、この家族がどの程度の予算を考えているかよくわかっているので、その範囲内でパフォーマンスする。ときには店主のほうが、ちょっと高いワインを特別価格で出すこともある。

客のほうも、店主のおすすめメニューをオーダーするなどして合わせる。

イタリア人は、その店のなじみ客となって、安心して食事を楽しむことができる、ということを第一に考えている。

ところが、近年一般のトラットリアもけっこう値段が高くなってしまった。

これにともない、イタリアにも多くの中華料理店ができた。ミラノだけでも二〇〇軒や三〇〇軒はあるだろう。

その店の客は、一〇〇パーセント、イタリア人である。一般的に揚げ物が多く、味つけが甘めで、正直いってわれわれ日本人には今ひとつだが、イタリア人には人気を得てきた。

こうした中華料理店にどうして客が入るかというと、やはり値段だろう。

オリエンタルな食事に興味をもっているというイタリア人も多いが、価格の安さは見逃せない。行きつけのイタリア料理店の値段は大きく上がってしまった。かといって食べる量は減らしたくない。

やはりお腹《なか》いっぱい食べてはじめて食事になると考えるイタリア人にとっては、外食はデザートまでしっかり食べてなんぼ、の世界だ。不思議とこうした中国人の店でも、イタリア人はしだいに店主と仲よくなっていく。

こうして、彼らはしっかり食べることと予算内であることの両方を満足させてくれる店で、なおかつなじみの店へ足を運ぶようになる。

やはりここにも、人と人のつながりを大切にするイタリア人の気質がうかがわれる。

イタリアのレストランあれこれ

最近では、トラットリアの看板を出していても普通のリストランテより値段が高い店もあり、名称による店のランクづけはむずかしいが、まずは基本的なイタリアの業態について知っておこう。

・RISTORANTE《リストランテ》

最高級の業態で値段も高いが、カポ・セルヴィッツィオ（給仕長）がいて、しっかりとしたサービスをしてくれる。通常銀食器、クリスタルグラスを使用している。

・TRATTORIA《トラットリア》

もっともポピュラーなイタリア料理を出してくれる店といっていい。家族経営の店が多く、地方料理をそのまま出し、気どりがなく、しかも比較的安い価格で料理を提供してくれる。

・OSTERIA《オステリア》

古くは宿屋を意味していた。宿屋の主人が泊まり客用に簡単な料理を出していた。今では地方の有名店となり、高級な店になっている場合が多い。

・TAVERNA《タヴェルナ》

古くは居酒屋をさした。安く料理とワインを楽しめる店だったが、近年トラットリアとほぼ同様の位置づけをされるようになってきている。

・LOCANDA《ロカンダ》

古くは宿場を意味するもので、泊まり客用に食事も用意していた。近年はオステリアと同じように、リストランテ風の扱いをされることが多い。

・PIZZERIA《ピッツェリア》

第二次大戦後、ピッツァ専門店として全国に広まったといわれる。近年、田舎、都会を問わず、広く世界に広まった業態である。

このほか、ROSTICCERIA《ロスティッチェリア》ではロースト料理や惣菜《そうざい》が主で、簡単な食事もできるが持ち帰りの客がほとんどである。

また、BARでも簡単な昼食を出す店が増え、TAVOLA CALDA《ターヴォラ・カルダ》ではその場で調理したものを、TAVOLA FREDDA《ターヴォラ・フレッダ》では料理を温めてサービスする。

さらに、LATTERIA《ラッテリア》（牛乳屋）などでも簡単な昼食を出すようになり、名前とはまったくかけ離れた内容の店も多く見られるようになっている。

一九八〇年代はじめには、若い層を中心にイギリス風のパブやBAR RISTORANTE《バール・リストランテ》が流行したが、八〇年代後半からは、長引く不況もあってPIZZERIA RISTORANTE《ピッツェリア・リストランテ》が急増した。

ピッツェリア・リストランテとは

ピッツェリア・リストランテとは、名前のとおりピッツェリアとリストランテの両面をもつ業態である。したがって、ピッツァの窯《かま》、職人は必須《ひっす》である。

また、リストランテとしての最低限の機能もあわせもっている。そのために、各店には必ず前菜の陳列がなされている。

この二点が、この業態の基本的なポイントだといえる。

重要なのは、この店はＴＰＯに合わせた使い方ができる、ということだ。つまり、短い時間で軽く食事をすませるときにはピッツァとビールでもＯＫであり、ゆっくり落ち着いて、かつしっかりしたチェーナ（夕食）をとりたいときは、それも可能なのである。

すでに記したとおり、古くは業態により客層、客単価も大きく違っていた。

この業態ではひとつの店を幅広い機会に使えることになる。

街の中心地、商業地、住宅街、田舎の町はずれなどに位置し、安心して入れる店。また、自分を顧客として覚えてくれていて、知人を連れても行ける店。

こんな店が市場の要求によって生まれたといっていい。

一九九〇年代の不況、タンジェンテと呼ばれるワイロ事件の発覚などにより接待の数が減り、高級リストランテの数が減少した。

そこで自分の仕事場もしくは家の近くにあり、しかも自分を覚えてくれる手頃な価格の店の存在が注目されるようになった。

また、銀行や役所が午後のサービスをはじめ、昼休みを短縮化するなど、それまで家に帰って昼食をとっていた人々が会社周辺に残るようになり、社会的な要求が高まるにつれ、街場のBARやピッツェリア・リストランテには人があふれるようになった。

会社側がチケット・レストランと呼ばれる昼食券（六〇〇〜七〇〇円程度）を従業員に支給し、昼食費の補助を行うようになったことも、これに拍車《はくしゃ》をかける形となった。食事のライト化、レストラン側の人件費の高騰《こうとう》、スペシャリストの減少などの要因も見逃すことはできない。

こうした需要と長引く不況から、急速にピッツェリア・リストランテの人気が高まったのだ。

多人数で行っても、少し待てば入れるし、予約の必要もない。それでいて、それなりに独自のメニューをもつ。ピッツァが特別においしい、とか、トスカーナ料理が自慢だ、とか、魚料理がよい、とか、有名人がよく来るなど、前菜とピッツァのみならず、プラスアルファのある店に人気が集まる。

ピッツェリアは、とにかく数をこなせばよいとされていた。一方のリストランテはまず客を覚え、その人に合ったサービスをすることが要求される。

私が通ったミラノのワインバー

その二つのよさを合わせて、TPOで使い分けてくれる顧客を覚え、よりリストランテに近いサービスを目指すのが、このピッツェリア・リストランテの業態といえる。

こうしてこの業態を分析してみると、まさに市場の要求に合わせた、リストランテ業態の大衆化ということができる。

ワインバー、人気の秘密

ミラノはイタリアの金融の中心地というだけでなく、ファッションの街としても知られ、多くのファッション関係者が生活している。そこで、ファッション関係者の行く店には自然に若者が集まる。

人気のあるカクテルバーやディスコだけではなく、食事ができて多種類のワインをグラスで試すことができるワインバーにも人気が集まるようになった。

ファッション関係の人たちにとっては、ワインの品揃えや料理がよいのは当然のこと、それ以上に大切なのは営業時間だろう。

どんなに有名な店でも食事の時間は限られている。

しかしワインバーでは夕方六時ごろから夜中の一時ごろまで食事が可能だ。不規則な時間で働くデザイナーやアーティストたちにとっては、このうえなく都合のよい店になる。しかも、近年にわかに人気を集めるファッショナブルなワインをグラスで楽しむことができる。

また、店の名前も、エノテカ・コン・デグスタツィオーネ（試飲のできるワイン販売店）、エノテカ・エ・ガストロノミア（グルメ料理とワインの店）、エノテカ・コン・クッチーナ（料理を出せるワイン販売店）など食の比重を高くしている点を強調したものが多い。

ミラノのワインバーでも、生ハム、サラミ、チーズ類のほか、パスタや肉料理など、種類は少ないものの、イタリアのすぐれた素材を使ったシンプルなメニューが多く、この業態が今後世界に広がっていく可能性は高いだろう。

第四章　地方が違えば料理も違う

プロの契約セールスマンとともに

私が二度目にイタリアに赴任《ふにん》したのは一九九〇年。一九九二年のヨーロッパ統合を前に、ビジネス拡大のチャンスとみて駐在員事務所を設立し、イタリアでリキュールなど自社製品を販売することになった。

早速一九九一年から、契約した輸入代理店のセールスマンに同行して、イタリアにたくさんあるBAR《バール》やレストラン回りをはじめた。彼らはその土地で何十年も働くプロの契約セールスマンだ。

最初の二年はミラノを中心に回り、一九九三年からはジェノヴァ、フィレンツェ、ヴェローナなどの都市へも出向くようになった。

ミラノには、ミラノ・チンクエという五人組のセールスマンのグループがあり、市内を五つの地域に分けていた。各人と連絡をとり、都合のよい日に半日だけ同行してもらうことにした。

なかでもリーダーのメルツィ氏は流行への反応が早く、数多くのヴァラエティに富む顧客をもっていた。

三〇年のキャリアをもつこのベテランセールスマンには、よく冗談で「この人は今ウイスキーやリキュールを売っているけど、明日から下着を売れといわれても、きっと売れる人だよ」と、こんな言葉が投げかけられていた。

それほど顧客の心を読み、しかもイタリア人らしく対応することが上手だった。

ミラノの郊外に、彼に連れていってもらった古ぼけた一軒家のレストランがある。ミラノ料理の店で「ガット・ネロ」といった。

店内には装飾らしいものはなく、調理用のコンロと、テーブル、椅子《いす》が置いてあるだけだ。

この日、けっこう大食いのメルツィ氏も昼食は食べていないという。

重い料理なのだろうなあ……と思いつつ、おそるおそる店に入ってみると、すでに何組かの客が入っていた。普通のお客だった。料理の量はたしかに大盛りだが、目をむくほどの量ではない。

「カッソーラ」というミラノの伝統料理がメインだ。

この料理は雑肉《ざつにく》やソーセージをしっかりと煮込み、これにヴェルツァと呼ばれるちりめんキャベツを凍《こお》らせたものを入れて、さらに煮込んだものだ。

凍ることによってキャベツの水分が出て、そこに肉の脂分《あぶらぶん》が入り込む。カロリーは十分だ。ミラノのドゥオモ（大聖堂）を建設した際、運河を通じて牛や馬で建設用の大理石を運んだ肉体労働者たちが好んで食べたという、スタミナ料理である。

濃いめの味つけで煮込んだ肉には味がしみこんで、実においしい。しかし、全部は食べられない。脂の部分を残したのだが、なかなか消化できなかった。

案《あん》の定《じよう》、翌日の朝、食欲がない。年に一回食べるくらいがちょうどよいのかもしれない。

ミラノ料理とピエモンテ料理の店

もうひとり、ミラノ・チンクエのメンバーに、前にもふれたディ・マルティーノという男がいる。メルツィ氏のお姉さんと結婚していて、このコンビは三〇年近い。南イタリアの出身だが、ミラノでの生活のほうが長いという。

彼にミラノのチルコンヴァッラツィオーネ（環状線）沿いにある「サン・マルコ」という店に連れていってもらった。

この店のオーナー、マズウェッリ氏は三代目。ミラノ料理、ピエモンテ料理を用意する。家族経営の三〇席ほどのこの店は、ほとんどが予約客で埋まってしまう。それも一回転しかしないから、空くのを待っていよう、という話にはならない。

オーダーはマズウェッリ氏がひとりでとる。この語り風のメニューの紹介がいい。これが楽しくて、メニューはあるのだが、見ている人はひとりもいない。

しかし、頭を緊張させて聞いていないと、説明が早いのでどんどん先に行ってしまって、はじめのほうでいわれた料理の名前が思い出せない。
自分で作ったラルド（豚のバラ肉の塩漬け）や、自分の目で選んだ素材を、客の目の前までもってきて見せてくれるパフォーマンスもいい。
一方、店内の客席から見えるキッチンでは、奥さんのティーナさんが朝早くから料理の準備をする。一日一八時間立ち働くがんばり屋さんだが、やさしい人で、いつもニコニコしていてほとんど話さない。これがご主人とのコントラストでいい、という人もある。
店のメインの料理は曜日によって決まっている。
月曜日はボッリート・ミスト（肉の煮込みのミックス）
火曜日はモンデギーリ（肉ダンゴの揚げ物）
水曜日はフォイオーラ（ミラノ風トリッパ＝牛の胃を使った料理）
木曜日はカッソーラ（雑肉と野菜の煮込み）
金曜日はメルルッツォ・コン・ポレンタ（タラの料理、ポレンタ添え）
土曜日はカッチャジョーネ（野鳥のジビエ）
というふうに。
ワインはピエモンテ産が多く、ブライダ社のバルベーラやコンテルノ社のドルチェットなど、料理に合うよいワインを手頃な価格でサービスして、トラットリアの価格で楽しめる店になっていた。

新鮮な魚に特産オリーブオイル

ジェノヴァからフランス方面に一一〇キロほど行った町、インペリアにある「ランテルナ・ブルー」という店に、この地方担当のセールス、トゥリヴェラート氏と一緒に行った。

この人は腎臓《じんぞう》がよくないといって、あまり無理はしていなかった。ふだんは道が混むので、車より速いバイクで回っているという。

ライブハウスやＢＡＲ《バール》も数軒回ったが、インペリアにある名物料理人、トニーノさんの店、「ランテルナ・ブルー」はとくによく覚えている。おすすめ料理はホウボウを使ったリングイーネ（手打ちの細長いスパゲッティ風のパスタ）、イカスミ入りトルテッリ（ひき肉などを入れた詰め物パスタ）、ズッパ・ディ・ガンベリ（エビの煮込みスープ風）などだが、メニューの最初のページには、ワインリストのようにオリーブオイルのリストがずらりと並んでいる。

つまり好みによってオリーブオイルを使い分けられるということだ。さすがにオリーブオイルでよく知られる地方ならではのパフォーマンスだ。

リグーリア地方のオリーブオイルは、甘みのある黄色味のかかったタジャスカ種のオイルで、サラダ用に向くといわれている。

さっそくパンで何種類か試してみたが、生のものだけに会社によって多少味わいが異なる。次に驚いたことに、トニーノさんが、今とれた大物ブランジーノ（スズキ）はどうかと、口にまだ針のついた魚をバケツに入れてもってきた。

さっそくこの魚をオーダーした。新鮮な魚にたっぷりとオリーブオイルをかけて焼き、レモンで食べる。これがこの地方のやり方だ。

リグーリア産の辛口白ワイン、ピガートは酸もしっかりしていて、この店の料理によく合っていた。

アルバ産白トリュフの贅沢《ぜいたく》

ピエモンテ地方のアルバに行ったのは、北イタリアのエリアマネージャー、メンシさんと一緒だった。地域のセールスマンが替わったばかりで、エリアマネージャーも様子を見るために同行していた。

アルバ周辺には、この地方の伝統料理を食べさせる店が多い。たとえば、卵だけで練った生地で作るタリオリン（タリオリーニ）をバターであえて、この地方の特産である希少で高価なきのこ、白トリュフをのせただけで食べる。われわれ外国人にはいいようもない贅沢《ぜいたく》だ。自然と赤ワインが欲しくなる。

プリンプリンと呼ばれる小さめのトルテッリーニもおいしい。帽子の形をしたパスタの中へ入れる肉と生地の薄さがポイントだ。けっこうやみつきになるパスタで、追加が回ってきたときにもうひと口もらったほどだ。

メインは野ウサギの煮込み料理。味がしっかりしていて、バローロやバルバレスコなどしっかりした味わいの力強い赤ワインがよく合う。

牛肉を赤ワインでマリネにして煮込んだブラザートもこの地方の伝統料理で、味見に少し出してくれたが、赤ワインに抜群によく合っていた。

テーブルがいくつもない店の奥では子どもが遊んでいて、きわめて庶民的な店だった。気どらない盛りつけに、シンプルな料理ながらしっかりした味わい。一杯の赤ワインがあればほかに何もいらないという、主張のある料理だった。

残念だが店の名前は覚えていない。

ヴェネツィアの立ち食い店

ヴェネツィアに行くときは、必ず手前のメストレの駅前に宿をとり、電車に乗ってヴェネツィアに入った。ヴェネツィアには車が入れないからだ。

体が大きく、いつもメガネをかけて学者風の風貌《ふうぼう》のルッケッタ氏が大きなカバンをもって迎えにきてくれた。

まず最初に訪問しなければならないのはグロッシスタ（卸店《おろしてん》）。ヴェネツィアでは、卸店は街中のホテルやBAR《バール》の倉庫のようになっている。

グリッティやダニエリといった超高級ホテルでも、リキュールやウイスキーなど三本以上は注文しない。ケース単位で購入しても地下の倉庫があるわけではないので、置くところがない。そこで、全部ホテルのレストランの店内か、バーのカウンターに並べてしまう。

商売は細かく、根気のいる仕事になる。

しかし幸いなことに、こういう有名ホテルにはIBA（イタリアバーテンダー協会）の役員になっている知り合いがいて、何とか顔つなぎができた。

ヴェネツィアは水で囲まれ、魚料理が中心であることはいうまでもないが、なかでも五～六月が旬《しゅん》のグランセオラ（クモガニの一種）は、その殻《から》を器《うつわ》にして、ほぐしたカニの身をジャガイモ、セロリなどと合わせてサラダにする。プロセッコのようなフレッシュ感のある白ワインが飲みたくなる。

また古くからヴェネツィアにある料理に、ペッシェ・イン・サオールがある。イワシを丸のまま揚げて干しブドウ、松の実、タマネギなどを加えてマリネにした料理だ。

小ダコをゆでて野菜と合わせたポリペッティなどの料理もヴェネツィアに古くからある庶民の

立ち食い店、チッケッティで食べさせてもらった。

ほんの食前酒のつまみというか、前菜だけ食べてレストランに行くといった感じだが、慣れるとやみつきになる。

簡単な料理とワインだがおおいに気に入った、というと、私が行くたびに、この立ち食いの店に必ず連れていってくれた。

さて、レストランだが、サン・マルコ広場に近い「ドフォルノ（二つのキッチンの意）」という、店が二つに分かれている店で食事をしたときも、例によってグランセオラが出てきた。

そして思い切って、話に聞いていた、あのバッカラ・マンテッカートを頼んでみた。この料理はバッカラ（塩ダラ）といいながら、実際はストッカフィッソ（干しダラ）を使う。干しダラを細かくなるまで叩《たた》いて水で戻し、牛乳などを加えてしっかりとかき回しながら煮込む。作るのに根気がいる料理だ。

近くで作られるガンベッラーラのアロマティックな白ワインか、ベリチ丘陵《きゅうりょう》の軽い赤ワインがよく合う。

なかなか味わいのある料理で、重いのは十分承知だったが、やはり胃がもたれてしまった。セールスマンと一緒に回ったときは毎度のことだが、このときももっと少なめにしておけばよかった、と反省することになった。

ボローニャ、理想のレストラン

ボローニャは古くから栄えた都市で、ヨーロッパ最古の大学の町として知られているが、革製品や靴などでも知られ、毎年大きな見本市が開かれている。

私がボローニャの担当セールスマン、セッレリさんに連れられていったのは、一八三三年創業で、四代目にあたるサンドロ氏の店だった。

中世の面影を残すボローニャの町外れの運河沿いにあるこの店は、手打ちパスタのトルテッリーニや野ウサギの料理、バルサミコを使ったジェラートなど、ボローニャならではの料理が用意されていた。

ワインも安い。それもそのはず、サンドロ氏はイタリアを代表するウイスキーやワインのコレクターで、出来のよい年のワインは大量に購入してある。これがリーズナブルな価格でサービスするコツだという。

自宅で食事をしているような落ち着いた雰囲気の店だが、生ハムやチーズなどの素材には気をつかっているという。出される料理はシンプルで気どらず、味がしっかりしている。

伝統を守りながら安心できる価格でサービスしてくれる、まさに理想のレストランだった。

ローマ料理は「マンマ」の味

ローマ料理は下町で生まれたマンマ（お母さん）の料理とよくいわれる。それは庶民が安価な材料でおいしい料理を作っていたからにほかならない。

セモリナ粉と牛乳で練り上げた生地をオーブンで焼いたローマ風ニョッキや、肉を詰めたアーティチョーク（朝鮮アザミ）、仔牛《こうし》に生ハムをはさんで焼いたサルティンボッカなどが知られている。

だが、何といっても記憶に残っているのは、ローマのセールスマンに連れていってもらったユダヤ人街の店「ピペルノ」で食べた、カルチョッフォ・アッラ・ジュディア（ユダヤ風アーティチョークの揚げ物）だ。大粒でとげのないカルチョッフォ・ロマーナ（アーティチョーク・ローマ種）の外側のがくを外に広げ、塩コショウしてオリーブオイルで二度揚げした料理。アーティチョークの芯《しん》に火が通るように、がくの部分を広げて押さえるようにして揚げる。オリーブオイルで揚げてあるのでカリカリして、独特の食感と風味がやみつきになる。

このときも気に入って、大きなかたまりを二個平らげてしまい、ほかの料理が食べられなくなってしまった。

今度ローマに行ったら、ぜひまた食べに行きたい料理のひとつだ。

ローマでは、仕事はあまりうまくいかなかった。とにかく昼休みが長い。

しかも、セールスマンのジャンマリアとは夕方四時に待ち合わせをしたが、彼が現れたのは四時半を回っていた。別に悪びれる様子もない。さて、リカーショップを訪問しようか、ということになっても、車が止められないとか郊外で行きにくいとかで、結局この日は二軒しか回れなかった。

ミラノでは半日で七〜八軒行っていただけに、何ともいいようのないペースの違いを感じた。さらに、ほかのレストランで食事をしたときも、どういうわけかサービスが今ひとつであったり、ひどいワインに当たったりで、ローマではあまりいい思いをしていない。

長く住んでいたミラノと比べてしまうせいもあるだろう。

習慣も違えば歴史も違う。当然住んでいる人も違うということを十分理解しているつもりだったが、ミラネーゼ（ミラノの人）に聞いたこんな言葉が頭にこびりついていたのかもしれない。

「ローマはね、あそこはアフリカの首都だよ。本当のイタリアの首都はミラノなんだよ」

ミラネーゼにとって、ローマは別の国に見えるほど違っている、ということなのだろう。

海運都市国家アマルフィの町にて

ナポリの南、サレルノのセールスマンは、けっこういい年の人だった。六〇歳はこえていたと思う。

同行しても、ほとんど商品のことを話さない。当然のことながら、自分の仲よくしている店に連れていくのだが、食事の時間には奥さんと一緒にやってきた。もう子どもは家にいないので、奥さんと食事に出るのが楽しみのひとつだという。

彼と一緒に、サレルノからナポリまで続くアマルフィ海岸にあるアマルフィの町に行った。断崖絶壁の道を車で四〇分ほど行くと、山の上まで明かりがともる町が、突然目の前に飛び出してきた。谷の斜面には、白壁の家が折り重なるように山の上のほうまで建ち上がっている。

アマルフィは、イタリアでもっとも古い海運都市国家で、九世紀には町が建設され、九世紀末には共和国となった。

毎年八月には海運都市共和国ジェノヴァ、ピサ、ヴェネツィアで、持ち回りの「レガッタ」という手漕《てこ》ぎボートのレースが今でも行われている。

町の広場のすぐ右側、五〇段はあろうかという扇状の階段の上に建てられたドゥオモ（大聖堂）は、中世にはじまり、何度も改築された建物だが、東洋風の雰囲気もあり、独特の幾何学的《きかがくてき》な紋様の石の組み合わせが印象的だ。

ドゥオモ広場から谷を上がるジェノヴァ通りのすぐ左側にあるトラットリア「ジェンマ」は、何と階段を上がった横道から店に入り、二階のキッチンを通ってバルコニーで食事をする。家が山に沿って積み重なっているために、こういう造りの家が多い。

谷の斜面に折り重なるように家が建つ、美しいアマルフィの風景

キッチンを通ったとき、さまざまな魚を目にしたが、ミラノでは見たことのない魚もあった。とくにサラゴというタイに似た魚は、焼くと身がしまっていておいしい。

トラットリア「ジェンマ」は一七八二年にはじまる、アマルフィでもっとも古い店のひとつ。今日でもファミリー経営を続けている。パッケリ（幅広いリガトーニ風のパスタ）のトマトソース、ズッパ・ディ・ペッシェ（魚のスープ）などの料理で知られる。

この日はアマルフィ海岸でとれる肉厚で香り高く甘みのある大きめのレモンを大胆に添えた前菜からはじまり、エビや貝のたっぷり入ったパッケリを食べ、セコンド（メインディッシュ）はサラゴのオーブン焼きだった。

ワインはアマルフィで造っている白ワイン、フアランギーナで、デリケートな辛口白ワインだ。

デザートにはレモンクリームのプロフィットロール（小さなシュークリーム型の菓子）。プロフィットロールの外側のチョコレートの部分に、レモンをたっぷりと使ったクリームがかかっていた。レモンを使っているので酸味があり、新鮮な味わいで、甘さをあまり感じさせないおいしさだった。

最後にサービスされたのは、ギンギンにボトルが凍り、表面が白くなっている自家製リモンチェッロ。

アマルフィが発祥《はっしょう》の地といわれるこのレモンリキュールは、香りの強いレモンの皮の部分を薄く取り、これをアルコール浸漬《しんし》させ、砂糖を加えただけのシンプルなリキュール。色も淡い黄色で、いかにも健康によさそうだ。

食事のあと、ふたたび断崖絶壁の道を帰るのだからこたえる。もし話し好きのセールスマンが一緒でなければ、断崖の恐怖を感じることなく眠らせてもらえたのだろうが。

ワールドカップと鉢合《はちあ》わせ

南イタリアにはあまり商品を売りたくない、というのが輸入代理店の意向だった。というのは、代金の回収がむずかしいからだ。

どうしても、というときには前払いで、五パーセント割り引きして販売していた。経験上、そういうことになっているらしい。

ところが、プーリア州の州都バーリにはしっかりしたセールスマンがいて、必ず代金を回収できる、というので、この人に同行することにした。

有名な作曲家と同じ名前のロッシーニ氏は、三〇年以上のキャリアの持ち主。多くのエージェントと仕事をし、信用のある人だった。

さっそく六月末、彼とアポイントをとり、店を回りはじめたが、何か雰囲気がいつもと違う。南に来たからだろうか、と思いつつ何軒か行くうちに理由がわかった。ちょうどその日は、ワールドカップサッカーのイタリア戦の日だったのだ。

セールスマンも、たぶんこの日はあまり仕事にならないことを知っていたに違いない。あとで考えてみれば、なんでそんな日に約束したのか、と思うのだが、そのころはまだ、ワールドカップというものを、あまり理解していなかった。

意外に午前中はいい仕事ができた。ジェラテリア（アイスクリーム店）で、当時売り込み中のリキュールをジェラートに練り込みたい、という興味深い話もあった。

ところが午後になると、みなそわそわして本当に仕事にならない。三時を過ぎると店を閉めはじめた。

今日はみな友だちや自分の家で集まってテレビを見るから商売にならない、とロッシーニ氏。自分も友人と一緒に見る約束をしているという。南イタリアの多くの会社が、試合のある日の午後は休みにしていたということをあとから聞いた。

しかたなく午後は仕事をあきらめて一度ホテルに戻り、出直してテレビの置いてあるレストランで食事をすることになった。ロッシーニ氏も、最初からそのつもりだったようである。レストランに行くと、アペリティーヴォ（食前酒）を手に、何人かのグループが席に座ったり立ったりしている。ロッシーニ氏も私も、仕事のことなどすっかり忘れて試合にのみこまれた。シュートがはずれるたびにどよめきが起こり、イタリアがゴールを決めた瞬間、レストランが揺れるほどの歓声があがった。

日本でもワールドカップが開催され、こういった光景が理解できるようになったが、その八年前の南イタリアでの経験はまさに強烈で、愛国心と情熱の国イタリアを再認識することになったのである。

忘れられないデザート

サルデーニャ島の超高級リゾート、コスタズメラルダは、つい最近まで電気もないただの海岸線だった。このエメラルド色の海岸線に大投資を行い、開発したのがアラブの石油王、アガ・カーン。今では世界中の金持ちが大型ボートで集まってくる。

周辺にはミラノをはじめとする北イタリアの高所得者が購入した別荘が多くある。その中心がポルト・チェルヴォ。ここにはミラノの高級ショッピング街、モンテナポレオーネ通りを彷彿《ほうふつ》させるブティック街がある。

高級ホテルが連なる一角に「クリッパー」という店があり、一階はＢＡＲ《バール》、二階がレストランになっている。この家族経営の店に、毎年七月には必ず訪問し、周辺の店にもセールスマンと一緒に行っていた。

この地区のセールスマン、地元のクチャーリ氏は、テニスが上手で社会人の全国大会にも行っているという大柄な人で、話し方は実にやさしかった。

「クリッパー」では伊勢エビのカタルーニャ風サラダや魚のグリルなどの料理を出していたが、旨《うま》みを含み、さわやかさのあるヴェルメンティーノの白ワインがよく合っていた。

風が強く、海はエメラルド色、空は真っ青で、まさに夏のリゾート地として申し分のないところだった。

ミラノからの便が多いオルビア空港からコスタズメラルダのポルト・チェルヴォに行く途中に、サン・パンタレオという小さな村がある。

レストランとＢＡＲが数軒しかないような小さな村だが、ここは、ミラノでも釣りに一緒に行ったことのある私の友人アンジェロが生まれた村で、彼の兄弟がここに住んでいる。何度かこの村に行ったことがあるのだが、村に一軒だけ、レストランをもったホテルがある。もちろん若いオーナーはアンジェロの友人だ。

五〜六室しかなかったが、二階の部屋にはベランダがついており、ビーチ用のソファーが置いてある。夜、ここに仰向けに寝転がると、風が強いので星がきれいに見える。こんなにたくさんの星をはじめて見るような気がした。流れ星もいくつか発見した。

このレストランの食べ物で、ひとつだけ忘れられないものがある。料理というより、食後に自分で混ぜて作るデザートだ。牛乳、羊乳《ようにゅう》、山羊乳《やぎにゅう》からとってできてのリコッタ（カッテージチーズ）が、皿に山盛りになって運ばれてくる。水分を濾《こ》して作るので、表面にはとうふのように網目がついた状態を保っている。

別の皿にハチミツ、さらにサルデーニャ島特産のミルト（濃いルビー色の木の実）のジャムが用意されている。

三種のリコッタチーズを自分の皿に取り、好きなだけハチミツとミルトをかけ、これを混ぜて食べる。リコッタの酸とハチミツとミルトの甘さ、コクが合わさって、何ともいえないハーモニーがかもし出される。しかも自然な味わいだ。これを何度か繰り返し、けっこうな量を食べた。

この日はたいした食欲もなく、料理をあまり食べていなかったが、このリコッタチーズの山を半分以上平らげてしまった。

このチーズの混ぜ物をパイ状にしてオーブンで焼けばチーズケーキになる。そう考えると、今日のデザートのはじまりはけっこう素朴なものだったのだろう、という気がしてくる。

イタリアに「手打ちソバ」あり

イタリアの北部、スイスと国境を接するロンバルディア州の最北端、ヴァルテッリーナ渓谷《けいこく》には、今でもピツォッケリという料理が残されている。

これはソバ粉を使った料理で、もともとは別の材料を使っていたと思われるが、日本のソバ粉を使った「手打ちソバ」とほぼ同様の麵《めん》に仕上げられる。

ただ調理の内容が異なる。手打ちソバ状にするところまではほぼ同様だが、ゆでたソバに野菜とチーズを合わせる。チーズがとけてからみつくが、スープは入れない。

日本人にとってはさっぱり系のソバも、こうして食べるとエネルギー源として有効な北国の重い料理となる。

ソバは七〇日と夏場の短い期間で刈り取れる穀物《こくもつ》で、日本でも冷夏に備え山間部で植えられてきた。イタリアの山間部でも古くから作られていたが、現在ではヴァルテッリーナ渓谷にしか残されていない。

私がこの地方に行くと、必ず食べたいと思う料理である。

第五章　世界で一番ナチュラルなワイン

自然の恵みを生かしたワイン

近年の日本における食文化の洋風化、さらに海外旅行者の増加によりワインの消費量は確実に伸びてきている。

日本では長いあいだ、西洋料理といえばフランス料理、ワインといえばフランスワインという時代が続いてきたが、イタリアファッションブームはイタリア料理、イタリアワインも巻き込んで、今ではイタリアワインの販売量もフランスワインの約半分にまで達している。

しかし世界的にみれば、イタリアはフランスと並ぶワイン生産国で、ワインの輸出量ではフランスをしのぐ。イタリアのワインが日本にもっと多く入ってきてもおかしくはない。

もともと日本人の食生活は、鮮度を大切にする野菜や魚介類が中心で素材を生かしたイタリア料理との共通点が多い。このイタリア料理に合わせて造られたイタリアワインが、日本料理に合わないはずがない。

イタリアでは、地中海に張り出した半島の北から南まで、ほとんどの地域でブドウが栽培されている。ヨーロッパのほかのワイン国、フランスやスペイン、ドイツでは一部の地域にブドウ作りが集中しており、イタリアのワイン造りとはこの点において大きく異なっている。

半島には背骨にあたるアペニン山脈が走り、山あり谷あり湖ありで、各地で気候や土壌《どじょう》が異なり、北はアルプスの麓《ふもと》から、南はアフリカに近いパンテッレリア島まで、各地で独自のワインが造られている。

こうした複雑な自然から生まれるワインの種類は多く、イタリアワインの上級クラスであるDOC（統制原産地呼称）、DOCG（統制保証原産地呼称）ワインをあわせると、三〇〇銘柄以上、六〇〇〇をこえるワインのタイプがあり、この種類の多さがイタリアワインの大きな特色になっている。

イタリアではブドウを栽培する農家の数は、兼業農家も含めると一〇〇万軒近くあり、ワインを瓶詰《びんづ》めして販売する業者は四万軒近い。一軒が平均五〜六種類のワインを造るというから、なんと年間二〇万種以上のラベルが誕生することになる。

これに各年によって内容の異なるヴィンテージワインが加わるわけだから、おびただしい数のワインが存在するのだ。

イタリアにはブドウの種類も一〇〇〇種以上あるといわれるが、これは四〇〇〇年にも及ぶイタリアのワイン造りの歴史の中で生まれた品種が各地に根づき、今日に至ったためである。

さらにイタリアワインの名前には、地方名があったり、品種名があったり、また伝説からつけられた名前があったりで法則がなく、イタリアワインをさらに覚えにくくしているのも事実だろう。その中で、主なワイン二一種と、ラベルの読み方を巻末に紹介した。イタリアワインを自分で選ぶときに役立ててほしい。

しかし、このわかりにくいイタリアワインも、逆に考えればヴァラエティがあって選ぶ楽しみのあるワイン、ということができる。

また、イタリアワインはナチュラルなワインだといえる。ヨーロッパのほかの国では、ワインへの砂糖の添加が認められているが、イタリアでは許されないからだ。

イタリアには、地理的に南に位置しているという好条件がある。こういった自然の恵みを生かして、ナチュラルなワインが造られているのである。

一〇歳からワインに親しむ国

イタリア人にとって、ワインはきわめて生活に密着した飲み物で、その歴史は古い。

古代ローマ時代、ワインは貴重なものだった。現在のワインとは違い、かなり煮詰まったもので、水やハーブなどを加えて飲んでいた。

教会においてもパンはキリストの体、ワインはキリストの血とされ、司祭《しさい》はミサのときにワインに水を加えて使用した。

宴会の席では「レ・ディ・バンケット」と呼ばれる、その日の宴会の責任者がワインの味決めを行っていた。

そのころ、ローマ郊外ではワイン生産者がオステリア（居酒屋）を無許可で営業することがあった。この居酒屋の店先には、目印としてカシの木の枝で茂みが作ってあった。そこでフラスカ（葉の茂み）の意から、居酒屋もフラスカ、フラスケッタと呼ぶようになったといわれている。

北イタリアの貧しい農村では、ワインは飲み物というよりアリメント（栄養物）と認識されていた。冬寒く、栄養分の乏《とぼ》しい食事を強いられた農民にとって、ワインは重要な栄養源だった。

イタリアの家庭では、子どもが一〇歳を過ぎるころから赤ワインをガス入りの水で割って飲ませる。ブドウの収穫期に、ブドウを搾《しぼ》ったジュース、モストを飲ませられ、その味になじんでいる子どもたちにとって、水で割ったワインは飲みにくいものではない。

また、古くは子どもの手足をワインで拭《ふ》くと力がつくと信じられていたという。

このように、ワインはイタリア人にとって、子どものころから身近にあるものだった。

食卓では家族がワインを水同様に飲んでいる。こうした環境に育ったイタリア人には、ワインがアルコール飲料であるという認識は少ない。したがって、週末は郊外のレストランに車で出かけ、楽しめるだけのワインを飲んで車で帰ってくる。日本では考えられないことだ。

知人宅に招待された場合は、ワインを持参することが多い。たいがい赤ワインだが、そのときに飲む場合もあれば、準備されたワインですます場合もある。

こういう場合のワインをスーパーマーケットで購入することはなく、行きつけのエノテカ（ワ

スーパーマーケットには数百種のワインが並ぶ

エノテカの地下倉庫

イン商）もしくはキャッシュ・アンド・キャリーの店で買う。キャッシュ・アンド・キャリーの店は、チェーン経営の場合が多く、スーパーマーケットほど大きくはなく、商店街の一角にあるケースが多い。大量購入による価格の安いワインや、ほかのアルコール類を購入することができる。

前者はよく相談にのってもらえ、プレステージの高い流行のワインが手に入る。

一方後者では、価格がポイントになる。それなりに知られるワインが特別価格で売られていることもある。

多人数でも少人数でも

イタリア料理は、人数が多いと各料理にワインを合わせ、その相性を楽しむことができる。食前酒から前菜、プリモ（ファーストディッシュ）、セコンド（メインディッシュ）、ドルチェ（デザート）と、それぞれにワインを合わせれば、一度の食事で五〜七種類のワインを味わえる。

各ワインを一杯ずつ飲めば、食前酒もあわせると一人一本分くらい飲むことになるが、イタリア人は食事時間が長く、三時間に達することも少なくない。時間をかけて飲めば、けっこう酔いもせず、ワインを味わいながら食事ができる。

逆に人数が少ないときには、何本もワインを開けるわけにはいかないので、自分たちがメインにした料理に合わせて赤か白かを決め、食前酒から前菜まで辛口の発泡性《はっぽうせい》ワイン、スプマンテをグラスで飲むか、辛口白ワインをグラスですませれば食事も充実し、エレガントな気分になれる。

ワインが赤か白か決まれば、今度はどんなワイン、どの地方のワインを選ぶかということになる。

キャンティやソアーヴェなどDOCやDOCGワインの名前で選ぶのが一般的だが、たとえば赤ワインの場合、ピエモンテ地方やトスカーナ地方の食事に合わせるとすると、その地方の日常ワインであるドルチェットや若いキャンティということになる。

白ワインの場合、フルーティで辛口のソアーヴェなどのヴェネト産や辛口でしっかりとした味わいのフリウリ産、ややアロマティックなアルト・アディジェ産というふうに、料理に合わせて選ぶことになる。

加えて生産者の名前を確認できるようになればもっとよい。

次に赤であればサンジョヴェーゼやネッビオーロ、白であればトレッビアーノやシャルドネなど、ブドウの品種で選べるようになれば、DOC、DOCGの規定外のユニークなワインも楽しむことができる。

レストランではどう飲むか

さて、今度は実際のレストランでの食事だが、地方によって特産品や習慣の違いがあり、多少異なるが、一般的にはワインは食前酒からはじまる。

よく冷えた辛口スプマンテが用意されることが多い。なかでもヴェネト産のプロセッコはソフトな飲み口で近年人気がある。

辛口の白ワインを食前酒から前菜まで使うこともある。

誕生日やお祝いの席にはちょっと豪華に、シャンパン同様瓶内二次発酵《びんないにじはっこう》させたスプマンテが用意される。

レストランで会食するイタリア人たち。人数が多ければ多種類のワインを楽しめる

フランチャコルタのスプマンテや各地の有名ワイナリー（ワイン醸造所《じょうぞうしょ》）が造るスプマンテに人気が集まる。ミラノでは、まずフリウリやアルト・アディジェ地方産の辛口白ワインや、カンパーニャ、シチリア地方産の白ワインなども用意される。

パスタやリゾットには、バターやチーズを使ったソースであれば、オルトレポー・パヴェーゼやピエモンテ地方産のバルベーラやドルチェット、最近ではマルケ地方や南イタリアのリーズナブルな価格のワインも用意されるようになった。もちろんトスカーナ産もある。

魚介類のソースの場合はやはり北イタリアの白ワインが多

かったが、シチリア島やサルデーニャ島などの旨《うま》みを含んだ辛口白ワインも増えてきている。

肉類のメインディッシュにはキャンティやブルネッロ、バローロ、バルバレスコなどのワインに人気があったし、各社が造る独自のスーパーIGT（高価なテーブルワイン）も置かれるようになった。

赤ワインが残ると、デザートの前にチーズを少し食べることもある。しかしたいがいの場合、この時点でお腹《なか》はかなりいっぱいであり、最後にまたドルチェが待っているので、デザートワインに移る。

イタリアにはドルチェに合わせる甘口ワインがたくさんある。もともとクリスマスやイースター用に造られていただけに、各地の甘口ワインの歴史も古く、その種類も多い。

甘口の白ワイン、赤ワイン、それに発泡性の甘口赤、白とイタリア全土の各地で独自に造られ、今日まで受け継がれている。

ミラノ近郊で生まれたパネットーネにはピエモンテ産のアスティやモスカート・ダスティ。ヴェローナ生まれのパンドーロにはヴェネト産のレチョート・ディ・ソアーヴェ。シチリア名物のフレッシュ羊乳《ようにゅう》リコッタチーズから作るカッサータやカンノーリにはパンテッレリア島産のモスカート・ディ・パンテッレリア。トスカーナ地方の名物、カントゥッチ（固めのビスケット）にはヴィン・サント。ヴィン・サントにこの固いカントゥッチを浸して食べる。

飲み方も変わってきた

このようにイタリアでは、ワインのヴァラエティがあり、あらゆるタイプのワインと料理を合わせることが可能であることから、近年まで自分たちの地域の料理とワインの相性のみで楽しんできたイタリア人も、徐々にではあるがほかの地域のワインも試すようになってきている。

イタリアの若い人たちのワインに対する考え方、接し方も変わってきた。

近年大都市を中心にワインバーが増え、そこではワインを知る大人に混じり若い人たちの姿も目立つようになってきた。

パブ式のバーでビールを飲み、ディスコへ行っていた若い人たちの中に、二〇歳を過ぎるとワインに目覚め、ワインバーに通う人が増えてきたのだ。そこでワインについての知識を蓄え、仲間との実際の食事の席でワイン談義に加わろうというのだ。

食事の席でもコーラやビールで、あまり飲み物にこだわらなかった若者たちがワインを飲みはじめただけでなく、より高品質のワインを試そうとしている状況は実に興味深い。

年間に一人あたり六〇リットル近いワインの成熟市場も、一世代前には今の倍、一二〇リットルを飲んでいたわけで、間違いなくイタリアにおけるワインの消費は量的に減ってきているが、質の高いワインへとシフトしているのも事実である。

イタリア人のワインの楽しみ方は、大きく変わってきている。

自分で選ぶイタリアワイン

日本で売られているイタリアワインは、ブランドや価格別に陳列されていることが多く、各地方別とかDOC、DOCG別に並べられていることは少ない。

そこで、自分なりに知っているワイン、好みのイタリアワインをリストアップしておく必要がある。

つまり、赤ワインであればサンジョヴェーゼ種主体のキャンティやブルネッロ、ヴィーノ・ノビレ・ディ・モンテプルチャーノなどの一群というふうに。

次にピエモンテ地方を中心に植えられ、バローロやバルバレスコなどの原料となる品種にネッビオーロ種がある。

この両者を比較すると、一般的には生産量の多いサンジョヴェーゼ種を主体としたワインのほうが安く、早いうちから飲めるものが多く、ヴァラエティにも富んでいる。

しかし、ブルネッロだけは例外で、五年の熟成《じゅくせい》を要し、価格も平均するとバローロよりも高くなっている。これは世界的に人気を得たためで、必ずしも品質と対応しているとはいえない。

こう考えてくると、ワインの価格と力強さについて、ある種のマトリックスを作っておけば、いざイタリアワインを購入しようと思うときに役に立つ。

予算とワインの内容でワインを選べば、知名度にまどわされないワイン選びができる。あまり知られていないワインでも、けっこうしっかりしているおいしいワインもあれば、知られていても価格ほどの内容ではないワインもあり、さまざまだが、ブランドワイン、コストパフォーマンスの高いワインはTPOで使い分けるのがいちばんだろう。

友だちと気軽にワイン、となれば料理と合わせて楽しく飲めるワインがいいし、誕生日やお祝いの席にはそれなりのブランドワインを持参するのが無難な選択だろう。

今度は実際に同じDOC、DOCGワインの中でのワインの見分け方になるが、生産年の出来によって多少違ってはくるものの、生産者名が大きな決め手になる。

それではどんな生産者のワインが間違いないのか。

生産者の重要なポイントは、毎年きちっとワインを造っているということである。安定した造り手のワインは価格がやや高めに設定されていることが多いが、安心して購入できる。

キャンティのように毎年一億本以上造られ、価格が八〇〇円から六〇〇〇円までさまざまなワインがあるものは、どう選んだらよいのだろうか。価格差の目安となるのは熟成期間が二年以上必要なリゼルヴァであるかどうかぐらいで、ほかには価格の差を示す決め手がない。

あとは価格に価する中身を保証するのは、生産者名しかない。また、品質管理の面からみれ

イタリアワインの力強さと価格一覧（赤ワイン）

ワイン名(1998年の生産量)	力強さ	日本における推定価格(円)
バローロ (6,670,000本)	9～10	4,000～12,000
バルバレスコ (2,600,000本)	9～10	4,000～10,000
ブルネッロ・ディ・モンタルチーノ (7,730,000本)	8～10	5,000～12,000
アマローネ・デッラ・ヴァルポリチェッラ (450,000本)	8～10	3,000～7,000
キャンティ (131,600,000本)	5～9	800～6,000
ヴィーノ・ノビレ・ディ・モンテプルチャーノ (5,000,000本)	5～9	2,500～4,500
バルベーラ (4,500,000本)	5～9	1,400～4,000
ドルチェット (3,800,000本)	5～7	1,800～2,500
ヴァルポリチェッラ (40,100,000本)	4～7	800～2,500
サンジョヴェーゼ・ディ・ロマーニャ (16,050,000本)	3～6	600～4,000

＊力強さは1～10の範囲で最大を10として評価した

イタリアワインの力強さと価格一覧（白ワイン）

ワイン名(1998年の生産量)	力強さ	日本における推定価格(円)
ヴェルナッチャ・ディ・サンジミニャーノ (5,300,000本)	5〜7	1,200〜2,500
ガヴィ (730,000本)	5〜7	1,500〜4,000
アスティ (92,000,000本)	5〜6	1,400〜1,800
アルネイス (400,000本)	5〜6	2,000〜3,000
ヴェルディッキョ (27,000,000本)	4〜6	1,000〜2,000
ソアーヴェ (71,700,000本)	3〜6	700〜2,500
フラスカティ (24,300,000本)	3〜5	700〜2,000
オルヴィエート (19,100,000本)	3〜5	800〜2,000
トレッビアーノ・ディ・ロマーニャ (7,400,000本)	2〜4	600〜1,200

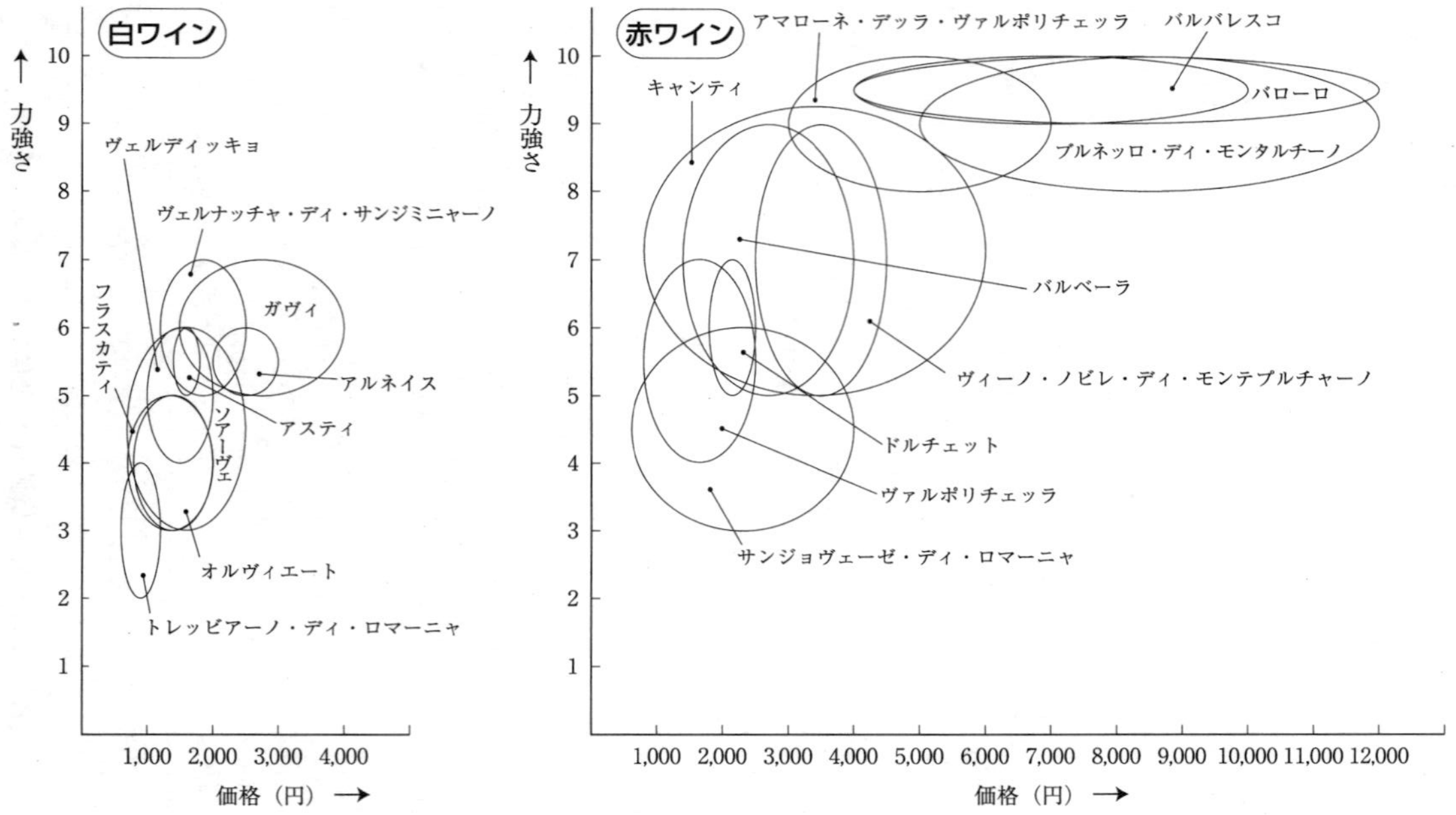

イタリアワインの力強さと価格のマトリックス

ば、多くのワインを専門に輸入している輸入業者のワインのほうが安心であることはいうまでもない。

何かの機会に飲んだワインが気に入ったら、そのワインの名前と生産者名をメモしておくとよい。

最近はインターネットに情報を載《の》せている会社も多いので、調べてみるのもまた楽しいだろう。

生産量の多いワインを覚えよう

イタリアでは全土でワインが造られ、種類が多くわかりにくいということはすでに述べた。実際に日本に輸入されるイタリアワインの場合、スーパーＩＧＴと呼ばれるカテゴリー外の高級ワインが比較的多く、イタリアワインをさらにわかりにくくしている。

これらのスーパーＩＧＴと呼ばれるワインは、生産量が少なく、価格も高いことから取り扱いも限られており、レストランのみの取り扱いになっているものも多い。

こうしたマニアックなワインを選ぶのも楽しいが、これらのワインは特別な機会にレストランで飲むと割り切って考えれば、お店でのワイン選びはＤＯＣ、ＤＯＣＧなどの規定ワインの中から選ぶことになる。

まず生産量の多いDOC、DOCGワインを覚え、気に入ったら、いくつかの会社のものを飲み比べてみるといい。

DOC以上のクラスでもっとも生産量が多いのはキャンティ、次いでアスティ、ソアーヴェ、モンテプルチャーノ・ダブルッツォ、ヴァルポリチェッラと続く。

次に、お店でよく売れているワインを探すのもいい。店でたくさん売れるワインはリピーターも多く、コストパフォーマンスがよいケースが多いからだ。

もちろん、本場イタリアのガイドブックを見て決めるのもいい。しかしガンベロ・ロッソ誌に代表されるイタリアのガイドブックには正確な点数による評価をしたものが少なく、人気ワインの紹介が主になっているのであまり役に立たない。

むしろ自分でラベルを読んで、キャンティであるとかソアーヴェであるとかワイン名を確認し、長期にわたって品質的に問題のない、ブランドを構築しているワインを選ぶと失敗が少ない。万が一、コルクや中身に問題があった場合でも、こうしたワインはサービスが充実しているため、それなりのフォローをしてもらえる。

とりあえず価格を参考にキャンティとかソアーヴェとかよく知られるDOC、DOCGワインを選べば失敗することは少ないだろう。

もう少しワインを覚え、品種で選べるようになると次の段階へ進める。

イタリアを代表する赤ワイン用のブドウはサンジョヴェーゼ種とネッビオーロ種だが、これらのブドウを使ったワインはキャンティやバローロだけではなく多くの種類がある。

こうしたワインの中のリーズナブルなプライスのものを選ぶと、選択の幅が広がってくる。

手土産《てみやげ》か、自宅で気軽に楽しむか

今度はTPOで選ぶワインの種類を変えられるようになれば、ワイン選びも楽しくなる。

イタリアワインはその種類だけでなく、ボトルやラベルのデザインの斬新《ざんしん》なもの、造り手の個性が生かされたものが多いだけに、いろいろな機会に楽しみながら選ぶことができる。

友人の家に食事に呼ばれていくのか、レストランに持ち込ませてもらうのか、恋人と一緒に飲むのか、自宅で飲むのか、などによって選ぶワインは変わってくる。

まず友人の家の食事に呼ばれたときには、あらかじめ用意された料理の内容を聞いておくとよい。思いもよらぬ特別料理が出てくると、せっかくのワインも合わせにくくなる。

料理の内容がわからないのであれば、冷やす必要のない赤ワインやデザートワインを用意すれば、ホスト側にあまり気をつかわせずにすみ、飲むのは食事の中盤以降になるので準備にも時間をかけられる。

もし料理が決まっているのであれば、メインの料理に合わせてしっかりした赤ワイン、あるいは熟成白ワインがいい。

ちょっと値の張るワインでもいいというときには、バローロやバルバレスコ、ブルネッロといった長熟《ちょうじゅく》赤ワインや、行きつけの店の人がすすめるスーパーIGTワインがいいだろう。

レストランにワインを持ち込む場合、二〇〇〇円程度の持ち込み料を支払うのが普通なので、あまり安いワインを持ち込むのでは意味がない。

こんなときは、事前に持ち込みが可能かどうかお店に問い合わせておき、その店の得意な料理に合わせたワインを持ち込むとよい。この場合、食前酒から前菜にかけて辛口スプマンテか辛口白ワインをグラスで一杯頼めば、店側のワインも試すことができる。

最後に自宅で気軽に飲むワイン。

こうしたワインを選ぶのはけっこう楽しいものだ。

まず、コストパフォーマンスのよいワインである必要があるが、失敗してもそれほど苦にはならないはずだ。

行きつけの店、あるいはワイン専門店で遠慮なく聞いてみよう。「安くておいしいワインありませんか」と。

お店の人は売れるワイン、自分が飲んでおいしいと思ったワインをすすめてくれるはずだ。自宅には残したときのためにハーフボトルを用意しておこう。ワインが残ったらハーフボトルに移し、冷蔵庫に入れておけば、赤で四～五日、白で二～三日は問題なく保存できる。

自宅で楽しむワインを選ぶには、まず行きつけのワインショップをつくることだ。そこですすめられたワインが気に入らなければ、次の機会にもう少し甘いの、とか酸の弱いの、というふうに聞いてみればいい。

きっとそのうちに、自分の好みに合ったイタリアワインに出会えるはずだ。

日常ワインの賢い買い方

よく知られる人気の高級銘柄ワインは生産量も少なく、熟成期間を要することから、価格が高くなりがちで、日常ワインとして飲むというわけにはいかない。

そこで、同じブドウの品種を使ったり、同じ地域で造られるセカンドワインや周辺地域のワイン、あるいは同様の手法で造られるワインなど、リーズナブルなプライスのものを覚えれば、お得なワインを選ぶことができる。

ワインを選ぶとき、有名銘柄ワインにするか、あまり知られていない、興味深いワインにするか迷うことも多いだろう。そこで、同じ品種のブドウから造られていながら、有名DOCGの規定からはずれる地域で生産されたワインなどに注目したい。

たとえば、サンジョヴェーゼ種をベースにしたワインは、キャンティのほかにもロマーニャ地方のサンジョヴェーゼ・ディ・ロマーニャ、ウンブリア地方のトルジャーノ・ロッソなどのDOCワインがある。

さらに、同じキャンティでもクラッシコ（古くからそのワインを造っている地域）やリゼルヴァ（アルコール度数が高く熟成期間が長いもの）など地域別にみると一八種類にも及ぶ。

つまり、同一銘柄DOCGワインでも、ヘクタールあたりのブドウの収穫量や熟成期間によって、かなりワインのコストが変わってくる。また、手間をかけて造っているワインは、コストがそのまま販売価格に上乗せされていることが多い。

一般的には、イタリアワインの規定上の品質の目安になるのは以下の要素である。

① 単位面積あたりのブドウの収穫量

ブドウの収穫量が少なければ少ないほど、糖分やポリフェノールなどの成分が多くなり、濃いブドウができるが、収穫量を減らすと当然コストアップにつながる。

② アルコール度数

アルコール度数を上げるには、ブドウの凝縮《ぎょうしゅく》度を高め、糖分を増やさなければならないので、ブドウの収穫量が減りコストアップにつながる。

③ 熟成期間

長期にワインを熟成させてから出荷するということは、その期間お金をねかせておくことになるので、当然その分コストアップにつながる。

銘柄ワインvs.買い得ワイン

これらの点を考えると、お得なワインとはあまり知られていないワインで、銘柄ワインと同様のブドウを使用し、比較的熟成期間が短いもの、ということができる。

それでは、いくつかの例を紹介することにしよう。

1　ブルネッロ・ディ・モンタルチーノ（DOCG）
ロッソ・ディ・モンタルチーノ（DOC）

ブルネッロとロッソは同じ畑のブドウを使用することができるが、規定がかなり異なる。

ブルネッロは五年間の熟成を要するが、ロッソは一〇ヵ月の熟成で出荷することができる。同じ畑のブドウを使用し、四年も早く購入できる。しかも中にはロッソでもブルネッロの規定であるアルコール度数一二・五パーセントを上回るものもあり、比較的手頃な価格でサンジ

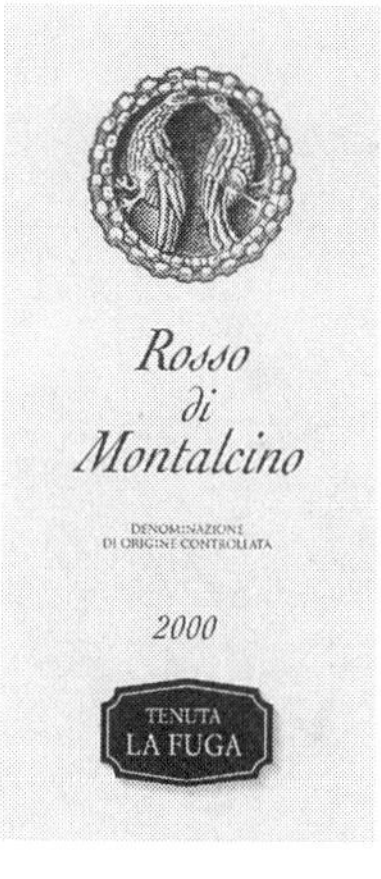

ヨヴェーゼ・グロッソ種から造られるワインを楽しむことができる。

2 バローロ(DOCG)

ネッビオーロ・ダルバ(DOC)

ネッビオーロ・ダルバはバローロと同じネッビオーロ種を使用しながら、ランゲと呼ばれるバローロの指定地域外のアルバ周辺で造られているため、価格的にもかなり低く抑えられている。

上質なものは成分的にも一部のバローロをしのぐものがあり、バローロのブランドはつかないものの、価値の高い掘り出し物もある。

バローロよりも二年早く、一年で出荷される。

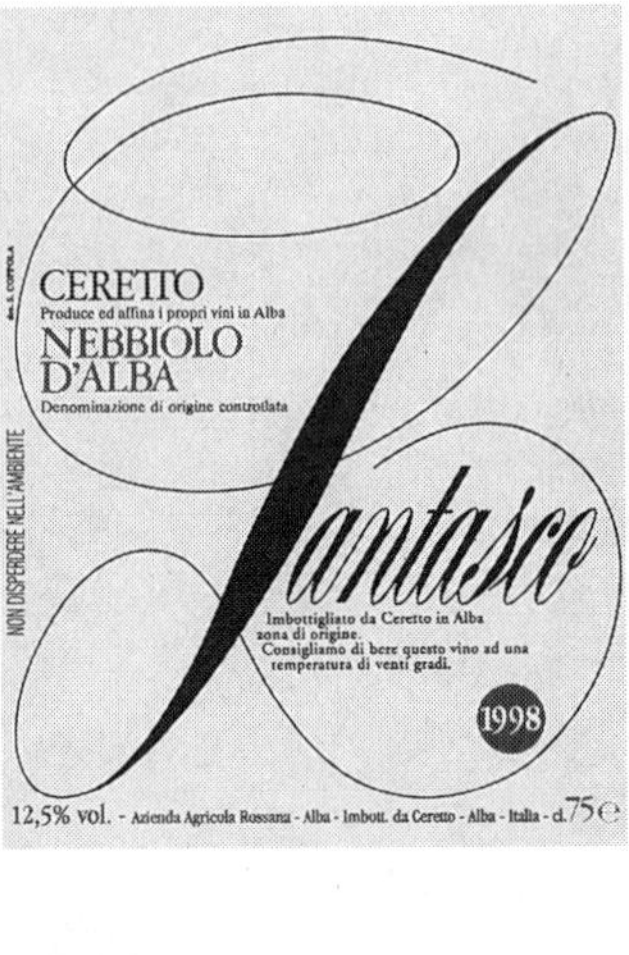

同じブドウを使ったワインの比較（サンジョヴェーゼ・グロッソ種）

	ブルネッロ・ディ・モンタルチーノ（DOCG）	ロッソ・ディ・モンタルチーノ（DOC）
haあたりの最大収穫量	8トン	10トン
最低アルコール度数	12.5%	12%
必要熟成期間	62ヵ月	10ヵ月
生産量（1998年実績）	7,730,000本	129,000本
市場価格（推定）	5,000〜12,000円	2,000〜4,000円

同じブドウを使ったワインの比較（ネッビオーロ種）

	バローロ（DOCG）	ネッビオーロ・ダルバ（DOC）
haあたりの最大収穫量	8トン	9トン
最低アルコール度数	13%	12%
必要熟成期間	38ヵ月	12ヵ月
生産量（1998年実績）	6,670,000本	1,200,000本
市場価格（推定）	4,000〜12,000円	2,000〜4,000円

3 キャンティ（DOCG）
サンジョヴェーゼ・ディ・ロマーニャ（DOC）

キャンティの生産地域はトスカーナ州の五つの県にまたがり、広い地域で生産されるが、年間の生産量は一億三〇〇〇万本とDOC以上のクラスでもっとも多い。しかも上位と下位のワインでは、かなりの品質の違いがある。

一方のサンジョヴェーゼ・ディ・ロマーニャの生産地はアペニン山脈を隔《へだ》ててトスカーナ地方の北側に位置し、キャンティと同じサンジョヴェーゼ種主体のワインである。

このワインの上級品はキャンティの下級品の品質を上回るものがあり、中クラスのものでも価格的には魅力的で買い得感がある。

同じブドウを使ったワインの比較（サンジョヴェーゼ種）

	キャンティ	キャンティ・クラッシコ	サンジョヴェーゼ・ディ・ロマーニャ
haあたりの最大収穫量	9トン	7.5トン	11トン
最低アルコール度数	11.5%	12%	11.5%
必要熟成期間	4ヵ月	11ヵ月	—
生産量（1998年実績）	101,000,000本	30,600,000本	16,050,000本
市場価格（推定）	800〜5,000円	1,800〜6,000円	600〜4,000円

※キャンティはリゼルヴァも含む

4　アルト・アディジェ（DOC）
トレンティーノ（DOC）

ヴェローナの街を流れるアディジェ川の上流にはトレンティーノ・アルト・アディジェ州があるが、川の流れが比較的ゆるやかで、平地の広い下流のトレンティーノと上流のアルト・アディジェの二つのDOCに分かれる。

トレンティーノを中心とするトレンティーノは川の両側に平地が多く、ワインの量産に向くが、ボルツァーノを中心とするアルト・アディジェのほ

うは平地が少なく、山側の傾斜のある土地にブドウが植えられ、上質なワインが造られている。

こうしたワインが評価され、アルト・アディジェ全体のワインの価格が上昇しているが、トレンティーノでも傾斜地で造られるワインに高品質なものがあり、しかもアルト・アディジェよりも安い価格で取り引きされているため、買い得感のあるワインが多くある。

5 コッリョ（DOC）

フリウリ州のその他のDOCワイン

フリウリ地方はヴェネツィアの北方にあり、北はアルプスを隔ててオーストリアと、東はスロヴェニアと国境を接し、南はアドリア海に臨《のぞ》む。

あまり大きな州ではないが、古代ローマ時代から現在のオーストリア、東ヨーロッパへ抜ける重要なルートであったことからワイン造りの歴史も古い。

州全体としては白ワインの生産に適しているといわれ、とくにポンカと呼ばれ、水もちのよい砂状の石で覆《おお》われるコッリョ地区はよく知られている。小高い山が連なることからコッリョと呼ばれる地域の日当たりのよい南向きの斜面では、

すぐれた白ワインが生み出され、コッリョの名は広く世界に知られるようになった。

ワイン生産量が少なく、小規模生産者が多いことからワインの価格も値上がりし、コッリョと名前がついているだけで他のフリウリ地方のワインより、二割程度値段が高い。

これに対し、コッリョの北西に続くコッリ・オリエンターリ・デル・フリウリ地区では、コッリョとほぼ同様のブドウを使用し、コッリョに負けないワインを生み出している。

また、比較的平地が多く、砂利《じゃり》質《しつ》のグラーヴェ地区は、ワインの生産量も多く、価格の面でも手頃なワインが造られている。

その他のイゾンツォ、ラティザーナ、アクイレイア、カルーソ、アンニア地区でも一部の生産者からすぐれたワインが生み出されている。

そこで、コッリョ以外の地区のワインでも、少量ではあるが、コストパフォーマンスの高いワインをおすすめすることができる。ヴィンテージにもよるが、一般的にはアルコール度数が一二・五〜一三パーセントと高く、ラベルのデザインや瓶がしっかりしていればお買い得ワインである可能性が高い。

6 スーパータスカン
南イタリアのスーパーIGTワイン

トスカーナにはカベルネ・ソーヴィニオン、カベルネ・フラン、メルロなどのブドウ品種を使用した、サッシカイア、ソライア、オルネッライア、ルーチェなど、フランスを意識して造られた、インターナショナルな味わいのワインがある。

これらのワインはアメリカで人気を得、「スーパータスカン」（タスカンとはトスカーナのこと）と呼ばれるファッショナブルなワインとして世界中で知られるようになったが、南イタリアで造られるすぐれたIGTワインには、それほど目が向けられていない。

南イタリアを代表する品種、ネーロ・ダヴォラ種から造られるドゥーカ・エンリーコやタンクレーディ、ミーレ・ウナ・ノッテ、アリアニコ種から造られるヒストリアなどは、凝縮ブドウを小樽《こだる》熟成させ、しっかりとした味わいのワインに仕上げている。

これらのワインは価格の上がりすぎたスーパータスカ

郵　便　は　が　き

料金受取人払

小石川局承認

1147

差出有効期間
平成17年6月
30日まで

112-8731

東京都文京区音羽二丁目
十二番二十一号

講談社　生活文化局

講談社+α新書係　行

愛読者カード

今後の出版企画の参考にいたしたく存じます。ご記入のうえご投函くださいますようお願いいたします(平成17年6月30日までは切手不要です)。

ご住所　〒□□□-□□□□

お名前
(ふりがな)

年齢(　　　)歳
性別　1 男性　2 女性

★最近、お読みになった本をお教えください。

★今後、講談社からの各種案内がご不要の方は、□内にVをご記入ください。　□不要です

本のタイトルを
お書きください

a　本書をどこでお知りになりましたか。
1 新聞広告(朝、読、毎、日経、産経、他)　2 書店で実物を見て
3 雑誌(雑誌名　　　　　　　　　　)　4 人にすすめられて
5 DM　6 その他(　　　　　　　　　　)

b　よく読んでいる新書をお教えください。いくつでも。
1 岩波新書　2 講談社現代新書　3 集英社新書　4 宝島新書
5 ちくま新書　6 中公新書　7 PHP新書　8 文春新書
9 平凡社新書　10その他（新書名　　　　　　）

c　ほぼ毎号読んでいる雑誌をお教えください。いくつでも。

d　ほぼ毎日読んでいる新聞をお教えください。いくつでも。
1 朝日　2 読売　3 毎日　4 日経　5 産経
6 その他(新聞名　　　　　　)

e　この新書についてお気づきの点、ご感想などをお教えください。

当出版局では「+α文庫」「+α新書」「ソフィア・ブックス」「講談社お料理BOOK」などのシリーズのほか、生活実用書や一般の単行本を出版しています。ご希望のジャンルの新刊案内をメールでお届けいたします。配信は無料です。ご希望のかたは下記にメールアドレスをご記入ください。
E—mail:

ご希望のジャンルは？(○をつけてください。複数回答可)
①生き方／人生論　②医学／健康／美容　③料理／園芸
④生活情報／趣味／娯楽　⑤心理学／宗教　⑥言葉／語学
⑦歴史・地理／人物史　⑧ビジネス／経済学　⑨事典／辞典
⑩社会／ノンフィクション

ンワインに比べ価格がかなり安いので、自分なりに気に入ったワインが見つかれば、パーティなどにもっていってもいいだろう。

7　バローロのクリュ

ピエモンテ地方の新しいワイン

近年、イタリアには世界のワインビジネスの動きがそのまま導入され、世界のワイン造りのミニチュア版ができあがっているように思える。

バローロのクリュの畑（特定ブドウ畑）では、今でもボルドー同様伝統のワイン造りが行われているのに対し、他の地域ではワイン新興国であるカリフォルニアやオーストラリアのような、新しい品種、新しい技術のワイン造りが試されている。

こうした動きは、伝統ワインと新興ワインのワイン造りの考え方の差がはっきり表れていておもしろいだけではなく、伝統のワイン造りに大きな影響を与えている。

バローロの生産者の中にも、チェレットやスピネッタ、ピ

オ・チェーザレなど伝統ワインを造りながら、別の新しいワイン造りをはじめる会社も増えてきた。

イタリアはもともとヴァラエティに富んだワイン造りが特徴で、ワインを選ぶ楽しみがあった国だけに、こうした新しいワインを伝統のワインと対比させながら試していくのも、新しいイタリアワインの楽しみ方といえる。

また、新しいワインの中にイタリアの伝統プラスアルファの興味深いお値打ちワインを探すのもおもしろい。

8　中部・北部を代表するブドウ品種、ネッビオーロ、サンジョヴェーゼ 南部を代表するブドウ品種、アリアニコ、ネーロ・ダヴォラ

イタリアを代表する赤ワイン用品種といえば、バローロやバルバレスコなどに使われるネッビオーロ種と、ブルネッロやキャンティに使われるサンジョヴェーゼ種だが、これらのブドウから造られるワインは、一般的にはかなり高価なワインになっている。

実際バローロ、ブルネッロともなれば、その名前だけ

である程度以上の価格が設定されている。

これに比べ、南イタリアのアリアニコ種やネーロ・ダヴォラ種などの長熟に適したブドウは知名度が低く、一部のワインを除き価格は前者の半額以下と、かなり低く抑えられている。

まず、カンパーニャ、バジリカータなどの州で多く栽培されているアリアニコ種。カンパーニャ州のタウラージで知られるブドウだが、同じ州のDOC、アリアニコ・ディ・タブルノやサンニオなどのDOCに使用され、近年醸造技術も改善され、非常にコストパフォーマンスの高いワインになってきている。

同様にバジリカータ州のアリアニコ・ディ・ヴルトゥレも確実に品質が高くなってきている。

また、イタリア半島のつま先にあたるカラブリア地方のDOC、チロ・ロッソに使われるガリオッポ種もアリアニコ種の仲間といわれ、長熟タイプのワインになるが、しっかりと造られたものは一〇年以上の熟成に耐えるワインになるにもかかわらず、中部・北部のワインとは比較にならない低価格で売られている。

次にシチリア島のネーロ・ダヴォラ種だが、一九八〇年代のはじめ、この品種一〇〇パーセントで造られたドゥーカ・エンリーコというワインが多くの賞を獲得するまで、イタリアでもあまり知られていなかった。

地域別ブドウ品種による長熟赤ワインの比較

	中部・北部のブドウ品種、ネッビオーロ、サンジョヴェーゼ（バローロ、ブルネッロ）	南部のブドウ品種、アリアニコ、ネーロ・ダヴォラ（タウラージ、アリアニコ・ディ・ヴルトゥレ）
haあたりの最大収穫量	7.5～9トン	10トン
最低アルコール度数	12.5～13%（含むリゼルヴァ）	11.5～12.5%（含むリゼルヴァ）
必要熟成期間	38～74ヵ月（〃）	36～60ヵ月（〃）
生産量（1998年実績）	1,400,000本	2,000,000～3,000,000本
市場価格（推定）	4,000～12,000円	1,500～5,000円

古くからシチリアは白ワインの生産地であり、赤ワインは白のおまけ的存在だったが、近年は、このネーロ・ダヴォラ種を中心にカベルネやメルロなどの外来品種も植えられるようになり、今では白よりもむしろ赤のほうがビジネスとして可能性があるという判断が下されるようになった。

そこで中部・北部の大手が南イタリアに投資し、赤ワイン用の広大な土地に南部の重要ブドウを植え、長熟型赤ワインを造りはじめた。

こうしたことからもわかるとおり、南イタリアの赤ワインのうち、とくに中・上クラスのワインは明らかにコストパフォーマンスがよく、お値打ち価格でしっかりとした長熟ワインを手にすることができる。

第六章　日本料理にこそイタリアワイン！

もっとイタリアワインを！

十数年前まで、日本に輸入されるイタリアワインは、世界各国から輸入されるワインの二〜三パーセントでしかなかった。しかし、フランスワインは四五パーセントと輸入ワインの約半分を占め、これは今日でも変わっていない。

フランスワインがこれほど受け入れられたのは、西洋料理イコールフランス料理、ワインイコールフランスワイン、という図式があったためだ。フランスワインはフランス料理店だけではなく、中華料理店、日本料理店でも取り扱われるようになった。

一方イタリアはフランスをしのぐワイン輸出国でありながら、日本に輸入されるイタリアワインのほとんどが、イタリア料理店で消費されていた。輸入がイタリア関連の専門業者によって行われていた、という事情もあった。

それが一九八〇年代のイタリアブーム、さらにイタリアの高級品ブームにのって、日本にも高級イタリアワインが輸入されるようになり、酒類メーカー、卸売《おろしうり》業者、フランス系輸入業者などが参入して、イタリアワインのシェアは大幅に拡大した。

とはいっても二〇パーセント弱にすぎない。そのシェアはフランスの半分以下と、他の先進国におけるイタリアワイン輸入の割合には達していない。

すでに述べたように、イタリアでは古くからワインが飲まれてきた。キリスト教で認められ、聖なる飲み物として人々のあいだに定着し、受け継がれてきた。イタリアにおけるワイン造りの歴史の長さとイタリア各地の独自性があいまって、各地に独自の料理が生まれ、その土地で造られるワインと合わされることが多かった。

ときにはランブルスコのようにその土地の名物であるバターやパルメザンチーズ、トルテッリーニ（ひき肉などの詰め物パスタ）、ザンポーネ（豚の足のつま先に肉を詰めたクックドサラミ）など、チーズ、肉加工品の脂肪分をぬぐいさるようにと、発泡性《はっぽうせい》に造られた辛口赤ワインもある。

一方、バローロやバルバレスコなど伝統の力強いワインの産地であるピエモンテ地方のアルバを中心とする地域では、古くから牛肉を赤ワインでマリネにしてからたくさんの野菜と一緒に煮込むブラザートやストゥファート（蒸し煮にした肉料理）、ストラコット（肉の煮込み料理）などの料理が生まれた。

これもこの地方にすばらしい長熟《ちょうじゅく》赤ワインが古くからあったためということができる。

いずれにしても、南北に長いイタリアの中部から南部にかけての地方では、気候も温暖で野菜やハーブ野菜が育ちやすく、味わいもあったことから、これらの野菜や素材をあまり調理せず、シンプルな方法で仕上げた料理が多い。

これらのシンプルな料理に合うように造られたイタリア各地のワインは、酸を残し、さわやかで果実感のある味わいに仕上げられているのだ。

食事に合わせることが大前提

南北に長い半島と島国。イタリアと日本はまず地理的によく似ている。さらに北半球に位置し、四季があり、気候的にもほぼ同様である。

海に囲まれ四季があることから、海沿いではハーブ類、ハーブ野菜が育ち、料理にアクセントを加えている。新鮮な魚介類が多くとれることも共通点といえるだろう。内陸の国では、新鮮な魚介類は手に入りにくかったのだ。

イタリアや日本など海に面した国ではこうした新鮮な素材が豊富にあったことから、この素材のよさを生かすべく、調理法がシンプルになった。これがイタリア料理と日本料理の基本的な共通点ということができる。

互いに野菜や他の素材の新鮮さにこだわり、シンプルな味つけであるところがよく似ているから、天ぷらや南蛮漬《なんばんづ》けなど、もともとイタリアをはじめとするヨーロッパの国々で行われていた、魚介類を保存するための調理法が日本に伝わり、自然に取り入れられ、今日のように人気メニューになるのも理解できる。

日本料理とイタリア料理では、調理するうえでの味つけは異なるものの、素材の扱い方や調理のしかたには共通点が多い。近年、日本では薄切りにした生肉の料理、カルパッチョが人気を得、イタリアでは刺身や寿司《すし》が流行するのも納得できる。

イタリアにおけるワインは、ワイン新興国とは違い、ワインだけで飲むように造られたワインは少なく、大半のワインが食事に合わせて飲まれることを前提に造られている。

こう考えると、シンプルな味わいのイタリア料理に合わせて造られたイタリアのワインが、同様にシンプルな味わいの日本料理に合わないはずがない。

近年までイタリアの白ワインはほとんど木樽《きだる》を使用せず、前菜から魚料理までに合わされてきたわけで、これらのシンプルな味わいのワインは、素材を大切にする日本料理にも合わせることができる。

当然のことながら、日本の家庭における料理は、日本を原点として中国、フランス、イタリアと多くの国の料理が取り入れられている。こうした、ある程度西洋化した日本の家庭料理に、近年輸入が大幅に増え、ヴァラエティの増したイタリアのワインを合わせることがより容易になってきていると考えることができる。

イタリアの、さわやかな酸とフルーティさが特徴の白ワインや、シンプルでバランスがよく、食事を通して飲んでもあきのこない赤ワインは、日本料理に合うだけでなく、日本人の味覚そのものによく合う、ということができるだろう。

小樽で熟成《じゅくせい》させ、ヴァニラ香やタンニンのきいたワインや、甘みを感じさせるほどのコクと厚みのあるワインが日本料理に合うとは思えない。

それでは、どんな料理とどのようなワインを合わせることができるのか、具体的にその相性を試してみよう。

ブドウの品種別合わせ方

〈サンジョヴェーゼ種を使ったワイン〉

この品種はイタリアの赤ワイン用のブドウとしてはもっとも普及しているもので、キャンティなど、中部イタリアのワインに多く使用されている。

ルビー色でタンニンを感じさせ、厚みがあり、酸のバランスのよいワインになるが、トスカーナ州やウンブリア州では甘みを含むカナイオーロ種などと混醸《こんじょう》されることが多い。

若いうちはゴマだれのしゃぶしゃぶや肉じゃがなどに、熟成したものは焼き肉やステーキなどに向く。リーズナブルな価格のキャンティであれば、すき焼きやうなぎの蒲焼《かばや》きなどにも合わせることができる。

〈バルベーラ種を使ったワイン〉

バルベーラ種は、北イタリアで多く栽培されている。弱発泡性の日常ワインから、小樽熟成させた上級品まであるが、一般的には食事用の赤ワイン。

鮮やかなルビー色で、酸とタンニンに特徴があるので、弱発泡性のものは酢豚や鶏の手羽焼き、あるいはスモークサーモンを使った料理にも合う。しっかりした味わいのものは、豚肉のショウガ焼きや焼き肉などに向く。

〈メルロ種を使ったワイン〉

北イタリア東部で多く作られるメルロ種を使った赤ワインは、そのほとんどが日常ワインとして消費されている。

シンプルな辛口に仕上げられるこのワインは、豚カツや牛タン、鶏肉の竜田揚《たつたあ》げなどの料理に合う。

〈ドルチェット種を使ったワイン〉

ドルチェット種はピエモンテ地方で作られる品種で、北イタリアの大都市や地元で多く消費されている赤ワイン用に使われている。

ルビー色で果実味があり、適度のタンニンを含んでいるので、多くの肉料理に向く。豚カツ、串揚げ、ハンバーグ、焼き肉のほか、マグロの角煮などの味つけの濃い魚料理にも合う。

〈トレッビアーノ種を使ったワイン〉

トレッビアーノ種はエトルリア時代から中部イタリアで作られていたといわれる、イタリアに古くからある品種。

麦わら色でブドウの香りを含む辛口白ワインになる。ソアーヴェやフラスカティ、オルヴィエートなどに使われるが、酸に特徴のあるシンプルな味わいで、刺身サラダやとうふサラダなどのサラダ類、カブの煮物、ダイコンとイカの煮物などの煮物料理にも合わせることができる。

〈マルヴァジア種を使ったワイン〉

この品種はイタリア全土で作られているが、主に中部イタリアで栽培され、フラスカティやエスト・エスト・エストなどの白ワインに使用されている。

緑がかった麦わら色で、レモンの香りを含み、わずかな苦みを含むが飲みやすいワインになる。

独特のアロマ（強い香り）を含んでいるので、中華風のサラダ、小アジのフライ、野菜の天ぷら、野菜炒《いた》めなどに向く。

〈ピノ・ビアンコ種を使ったワイン〉

この品種は北イタリアで多く作られており、しっかりした味わいの辛口白ワインに仕上げられ、長期の熟成が可能であることも知られている。

香辛料やヴィネガーを使った料理にも負けないワインであることから、エビ類のサラダ、焼きギョーザ、ロールキャベツ、ナスとピーマンの炒め物などの料理に向く。

〈ピノ・グリージョ種を使ったワイン〉

このブドウから造られるワインはピノ・ネロ種で造ったものと似ているといわれており、アルコールを感じるしっかりした味わいの白ワインになるので、スープ類やきのこを使った料理に合う。

若くフレッシュなものは天ぷらなどの揚げ物に、しっかりした味わいのものはカキ鍋やイカの塩焼きなどに合う。

イタリアワインと日本料理の相性

日本では一九世紀の後半まで、一般的には野菜と魚中心の料理を食べていて、赤身肉を使うことがなかった。米を主食にしょうゆ、味噌、米酢《よねず》、ショウガ、ワサビ、山椒《さんしょう》、スダチ、唐辛子《とうがらし》などで味つけした料理を食べてきたのである。これらの調味料は味や香りが個性的で、ワインを合わせるのがむずかしいといわれている。

しかし煮物には酒を調味料として使うことが多く、近年ではワインも使うようになっていることから、日本料理にワインを合わせることは、それほどむずかしくなってきている。

日本の料理には、普通ライトからミディアムまでの白ワインで、酸味があり、樽香《たるこう》のないものが合うが、料理別にみていくと、赤ワインも合わせることができる。

とくにイタリアでは、赤ワインも日常の料理に合わせることを前提に造られたものが多く、肉と野菜を使った日本の料理にも十分に合わせることができる。

メニュー別に、合わせられるイタリアワインを紹介していこう。

＊◇は白、◆は赤、◈はロゼ、○はスプマンテ、デザートワインなど特殊なワイン

【天ぷら】

日本料理として誰もが疑うことのない天ぷらだが、この料理が日本に入ってきたのは比較的新しい。

一六世紀の中葉に種子島《たねがしま》にたどりついたポルトガル人の宣教師《せんきょうし》は、日本に鉄砲を伝えただけでなく、日本においてキリスト教の布教《ふきょう》活動を行っていた。

その布教活動のひとつとして、「クワルトロ・テンポレ」と呼ばれる四季の斎日《さいにち》の食についても教えた。肉を使わない食事が主たる目的で、この「テンポレ」の時期は魚や野菜を細かく切り、衣《ころも》をつけて揚げた料理を作った。

イタリアではこうした揚げ物料理を「フリット」という。

この斎日の料理の呼び名「テンポレ」が料理の名前になり、「テンプラ」と発音されるようになった。

揚げるときの温度に気をつけるようにということから、テンペラトゥーラ（温度）がなまって「テンプラ」となったという話もあるが、天ぷらには今日でも肉が使われておらず、キリスト教の「テンポレ」起源説のほうが説得力がある。

天ぷらは魚介類と野菜、きのこなどに衣をつけ、油で揚げた料理であり、小麦粉と油を使うことから甘みと油分を含むため、新鮮みのある白ワインや、さわやかな発泡性辛口白ワインなどが合う。

➡◇ソアーヴェ、◇ヴェルディッキョ、◇ガヴィ、○プロセッコ（スプマンテ）など

【刺身】

刺身にする魚介類にもいろいろと種類がある。

スズキやタイなどの白身魚はしょうゆとワサビで食べることが多いので、比較的酸を感じる辛口白ワインが合う。

➡◇サルデーニャ島のヴェルメンティーノ、◇ロマーニャ地方のトレッビアーノ、◇ソアーヴェなど

一方ヒラメやカレイ、タコなどは、ほかの白身魚と比べると比較的脂肪分が多く、酢じょうゆやショウガじょうゆなどを使うことがあるので、アロマがあり、アルコールを感じる辛口白ワインが合う。

↓◇ヴェルナッチャ・ディ・サンジミニャーノ、◇アルバーナの辛口、◇ガヴィなど

さらに脂《あぶら》が多い魚や血合い肉をもつハマチやブリ、イワシ、サバなどの魚には、しょうゆにワサビ、ショウガ、ニンニク、唐辛子などを使うので、旨《うま》みがあり、アルコールを感じさせる辛口白ワインや辛口のロゼワインが合う。

↓◇カンパーニャ地方のグレコ・ディ・トゥーフォ、◇ソアーヴェ・スペリオーレ、◈キアレット、◈ラグレイン・ロザート、◈カステル・デル・モンテ・ロザートなど

マグロであれば、赤身とトロの部分ではまったく違った味わいになるが、オリーブオイルやコショウなどを使うと、比較的タンニンが少なく、味わいがまろやかな赤ワインに合う。

↓◆バルドリーノ、◆サンジョヴェーゼ種ベースの赤ワインなど

また、刺身に塩を使うと白ワインを合わせやすい。しょうゆには旨みの成分も含まれているため、しょうゆをつけて食べるとワインが負けてしまって合わせにくくなる。

【寿司】

寿司は関西風と江戸前で作り方や味わいが大きく違ってくる。

関西風の寿司は、魚を塩と酢でしめたり、焼いたり、煮たりすることが多く、寿司飯《すしめし》にも昆布《こんぶ》だしを入れて炊《た》き、やや甘めの味つけになっているので、合わせるワインもやや甘みがあり、酸

味もある辛口白ワインがよい。

↓◇フラスカティ・スペリオーレ、◇オルヴィエート・アッボッカート、◇ヴェルメンティーノ・ディ・ガッルーラなど

一方の江戸前寿司では、白身の魚から貝類まで、またマグロの赤身からトロと種類は幅広い。そのほとんどを生のまま使うので、辛口の白からタンニンがやわらかく熟した赤ワインまで、ワインも幅広く合わせることができる。

まず最初は、フレッシュ感のある北イタリアの辛口白ワインからはじめ、次に、ある程度アロマがあり、しっかりした味わいの辛口白ワインへと移していけばよいだろう。

そしてマグロの漬《づ》けや脂ののったサバには、コショウや和辛子など調味料の工夫をして、まろやかな味わいの赤ワインを合わせることができる。

↓①◇ピノ・ビアンコ、◇シャルドネ、◇ピノ・グリージョなど
②◇ヴェルナッチャ・ディ・サンジミニャーノ、◇アルバーナの辛口など
③◆バルドリーノ、◆サンジョヴェーゼ・ディ・ロマーニャ、◆北イタリアのボナルダなど

【しゃぶしゃぶ】

しゃぶしゃぶは牛肉を薄切りにし、あらかじめダシをとった沸騰水の中にさらして脂肪分を落

とし、これをレモンじょうゆやポン酢しょうゆ、あるいはゴマだれで食べる。

肉だけではなくたっぷりの野菜も一緒に食べるので、通常は白ワインが合う。

ポン酢しょうゆなどを使う場合は、酸と旨みが加わることになるので、これに負けない酸と旨みをもったワインが必要になる。

まろやかでしっかりした味わいの辛口白ワインが合う。

➡◇フラスカティ・スペリオーレ、◇ガヴィなど
また、ゴマだれを使用した場合、ゴマにはかなりの香りと味わいが含まれているので、さらにアロマのきいた成熟した白か、辛口ロゼ、あまりタンニンを感じさせない軽めの赤ワインと合わせることができる。

➡◇木樽熟成させたアルト・アディジェのソーヴィニオンやピノ・グリージョ、◈ラグレイン・ロザート、◆サンジョヴェーゼ・ディ・ロマーニャなど

【すき焼き】

すき焼きには肉だけではなく野菜やとうふなどをたっぷりと入れるが、調味料に日本酒のほか砂糖なども使い、やや甘口の濃い味つけになるが、これを生卵に通して食べることによって味わいがまろやかになり、肉の脂肪分も覆《おお》いかくされる。

そこで、普通であれば赤ワインを合わせたいところだが、しっかりとして味わいのある、少し熟成した白ワインを合わせることもできる。赤ワインなら、あまりタンニンを強く感じないバランスのよいものがよい。

➡◇オルヴィエート・スペリオーレ、◇フリウリ地方のヴェルドゥッツォ、◆バルドリーノ、◆若いキャンティ、◆ヴァルポリチェッラなど

【浸し物、あえ物、酢の物】

野菜をベースにダシや酢、砂糖、味噌、塩などを使ったこれらの料理には、バランスがよく、どちらかというとアロマを含む辛口からやや甘口の白ワインが合う。

・アサリと小松菜のあえ物

味つけにはダシとしょうゆを使うが、青野菜と貝の組み合わせなので、バランスのとれた白ワインが合う。

➡◇ソアーヴェ、◇ヴェルディッキョ、◇プーリア地方のロコロトンドなど

・やまかけ

しょうゆに漬けたぶつ切りのマグロにヤマイモをかけたもの。マグロの赤身の成分とヤマイモに含まれる味わいのコクから、甘みのある白、ソフトなロゼ、軽めの赤ワインなどが合う。

↓◇フラスカティ・アッボッカート、◈バルドリーノ・キアレット、◆ヴェネト地方のソフトな味わいの軽めのメルロなど

・セリのゴマあえ

しょうゆ、米酢、砂糖を使ったゴマあえ。ゴマの風味とセリの香りがアクセントになっているので、バランスがよく、しっかりとした味わいのある辛口白ワインが合う。

↓◇サルデーニャ島のヴェルメンティーノ、◇ウンブリア地方のトルジャーノ・ビアンコなど

・小アジの南蛮漬け

小アジをしっかり揚げてからタマネギ、ニンジンなどの野菜と一緒に米酢で漬けてあるので、アロマを含み、しっかりした味わいの、もしくはアルコール度の高い辛口白ワインが合う。

↓◇フリウリ地方のソーヴィニオン、◇アルト・アディジェ地方のリースリング、◇サルデーニャ島のヴェルナッチャ・ディ・オリスターノなど

・鶏肉と野菜のおろしあえ

鶏肉とシイタケ、キュウリにダイコンおろしをあえ、酢を加えたもの。米酢を使うので、酸とアロマがあり、しっかりした味わいの辛口白ワインが合う。

↓◇ヴェルナッチャ・ディ・サンジミニャーノ、◇グレコ・ディ・トゥーフォなど

【焼き物】

魚を焼く場合、塩もしくは味噌、あるいはしょうゆなどをつけて焼くことが多く、魚本来の味わいに加え、味つけによって合わせるワインが変わってくる。

比較的香りが高くアロマの強い辛口白ワイン、もしくはわずかなタンニンを含む辛口ロゼ、軽めの赤ワインを合わせるとよい。

・サバの塩焼き

脂ののったサバに塩をして焼き、ダイコンおろしで食べるのが一般的。サバの脂に塩味が加わるので、アロマと旨みを含み、しっかりした味わいの白ワインや、辛口のロゼワインが合う。

↓◇ピエモンテ地方の白、◇ヴェルナッチャ・ディ・サンジミニャーノ、◈アルト・アディジェ地方のラグレイン・ロゼなど

・イカのしょうゆ焼き

イカの皮をむき、しょうゆと酒に漬けて網焼きにしたもの。イカを生で食べるときよりも旨みが加わっているので、バランスがよく、アルコールや酸を感じさせる辛口白ワインが合う。

↓◇トレッビアーノ・ダブルッツォ、◇プーリア地方のロコロトンドなど

・ブリの味噌漬け

脂ののったブリを味噌に漬けて網焼きにしたもの。ブリの脂に味噌の旨みが加わっているので、アルコールを感じ、しっかりした味わいの辛口白ワインや、酸があり甘みがあって、あまりタンニンを感じさせない軽めの赤ワインが合う。

↓◇グレコ・ディ・トゥーフォ、◇エミリア・ロマーニャ地方のアルバーニャ・ディ・ロマーニャの辛口、◆北イタリアのボナルダなど

・ニシンの七味焼き

脂ののったニシンをしょうゆとショウガ、七味、ニンニクで味つけして焼いたもの。ニシンの脂とショウガなどのコントラストのある味わいの料理なので、酸がしっかりしていて、生き生きとした若い赤ワインが合う。

↓◆バルベーラ、◆ヴァルポリチェッラ、◆マルケ地方のロッソ・コーネロなど

・カキのバター焼き

レモンとしょうゆで食べるときは、アロマを含み、ミネラル感のあるしっかりした味わいの辛口白ワインが合う。

↓◇木樽を使ったトレンティーノ地方のシャルドネ、◇フリウリ地方のリースリングなど

・鶏肉の照り焼き

ソテーした鶏肉に甘辛いたれをからめて焼いたもの。照り焼きはソースの味わいが強く出るため、あまりタンニンを含まない、バランスのよい赤ワインが合う。

↓◆ドルチェット、◆オルトレポー・パヴェーゼのボナルダ、◆サンジョヴェーゼ・ディ・ロマーニャなど

・**焼きギョーザ**

肉やニラなどを細かく切って皮に詰めて焼き、しょうゆで食べる。油分も多く含まれ、しょうゆの味つけになるので、しっかりした味わいの白や辛口ロゼ、酸があり、あまりタンニンを感じさせない軽めの赤ワインなどが合う。

↓◇フィアーノ・ディ・アヴェッリーノ、◈カステル・デル・モンテ・ロゼ、◆軽めの若いキャンティなど

【揚げ物】

揚げ物は衣をつけ油で揚げるため、素材の味わいに加えて油の重さ、甘みが加わり、さらにソースをかけて食べることが多いので、素材に比べ比較的重めのワインを合わせるとよい。

・**小アジの唐揚げ**

小アジを二度揚げしてダイコンおろし、もしくは塩を添える。カラッと揚げ、塩味で食べるので、しっかりした味わいの辛口白ワインが合う。

↓◇アルト・アディジェ地方のシャルドネ、◇フリウリ地方のリースリング、◇エミリア地方のマル

ヴァジアなど

・魚のフライ

魚の切り身に塩をしてパン粉をつけて揚げる。タルタルソースで食べることが多く、多少コクが出るので、酸とアルコールのバランスがよく、味わいのある辛口白ワインが合う。

↓◇ロンバルディア地方のテッレ・ディ・フランチャコルタの白、◇ガヴィ、◇ヴェルディッキョ・スペリオーレなど

・サバの竜田揚げ

サバをショウガじょうゆに漬け込み、揚げたもの。サバに味がしみ込んでいて濃いめの味わいなので、ミネラル感と個性があり、旨みを含む辛口白ワインか、辛口ロゼワインが合う。

↓◇フィアーノ・ディ・アヴェッリーノ、◈ラグレイン・ロゼ、◈カステル・デル・モンテ・ロゼなど

・ナスのはさみ揚げ

ナスにひき肉をはさんで揚げたもの。ナスの甘みに肉の旨みが加わるので、個性があり、旨みを含むしっかりとした白、もしくは軽めの赤ワインが合う。

↓◇グレコ・ディ・トゥーフォ、◆バルドリーノ、◆ヴェネト地方のメルロなど

【煮物】

煮物料理には魚や肉のほか、たっぷりの野菜を使用し、しょうゆ、酒、みりん、味噌、酢などでやや甘めの味つけをするため、酸のバランスがよく、旨みのある辛口白ワインもしくはソフトな味わいの赤ワインが合う。

・ロールキャベツ

ベーコン、塩、コショウで味つけし、和辛子で食べることも多い。野菜と塩の味わいがベースなので、やや酸味を感じ、味わいのある辛口白ワインが合う。

➡◇トルジャーノ・ビアンコ、◇アルネイス、◇ポミーノ・ビアンコなど

・ふろふきダイコン

昆布だしで煮込んだダイコンに練り味噌をかけ、ユズの皮をのせる。ダイコンの甘みに味噌のアクセントがつくので、ソフトな味わいでほのかな甘みを感じる新鮮な白ワインが合う。

➡◇トレンティーノ地方のノジオーラ、◇ラツィオ地方のエスト・エスト・エストなど

・カレイの煮つけ

カレイをみりん、酒、しょうゆ、砂糖で、比較的濃いめの味つけに煮つけたもの。酸のバランスがよく、しっかりとした味わいの辛口白ワインが合う。

➡◇アルト・アディジェ地方のピノ・グリージョ、◇ヴェルナッチャ・ディ・サンジミニャーノなど

・サバの味噌煮

サバの切り身を味噌で煮込み、酒、砂糖、ショウガで味つけしたもの。比較的味の濃い魚料理なので、アロマを含むしっかりした味わいの辛口白か、なめらかであまりタンニンを感じない赤ワインが合う。

↓◇フリウリ地方のソーヴィニオン種、ヴェルドゥッツォ種、リボッラ種などを使ったワイン、◆バルドリーノ、◆ロッソ・ピチェーノなど

・肉じゃが

日本人の誰もが好むメニューだが、ジャガイモとタマネギの甘み、牛肉の旨みには、心地よい酸味、果実味とわずかにタンニンを感じるバランスのよい赤ワインが合う。

↓◆サンジョヴェーゼ・ディ・ロマーニャ、◆フリウリ地方のメルロ、◆若い軽めのキャンティなど

・豚肉とゴボウの卵とじ

卵が肉とゴボウの仲を取り持つ役目を果たしている料理。全体の味つけがやや甘みを帯びるので、まろやかでバランスのとれた、アルコールを感じる熟成辛口白ワインが合う。

↓◇オルヴィエート・スペリオーレ、◇フラスカティ・スペリオーレなど

・酢豚

揚げた豚肉と野菜を炒め、味つけしてとろみをつけたもの。甘酸っぱいので、酸味とミネラル

感のある辛口白ワインやソフトな味わいのロゼワインが合う。

➡◇アルト・アディジェ地方のソーヴィニオン、◇ラクリマ・クリスティの白、◈バルドリーノ・キアレットなど

イタリア伝来の日本料理

イタリアが原点となり、日本に伝えられたと思われる料理がいくつかある。

まずは、今や日本を代表する料理となり、外国人にも人気の「天ぷら」がその代表だろう。その起源については前にもふれたが、そのほかに「南蛮漬け」「カルパッチョ」などがある。

●南蛮漬け

天ぷらとほぼ同時期、一六世紀中ごろに西洋から日本に伝えられた。当時日本では、中国よりも南の国のことを「南蛮」と呼び、日本との貿易を許されたルートを経由した取引を南蛮貿易と呼んでいた。

そこで、ヨーロッパからこのルートを通って入ってきた料理にも南蛮と名づけたと考えられる。

海に面した日本では、豊富な魚介類を保存する方法として適していたこの「南蛮漬け」が取り入れられた。あまり長持ちせず、足の早い小魚などを油で揚げ、酢でマリネにした料理だ。

この料理法は、イタリアでも古くから知られていた。

中世のヴェネツィアが栄えたころ、この町ではすでに「ペッシェ・イン・サオール」という料理が作られていた。丸々一尾のイワシをしっかりと油で揚げ、これをタマネギ、ニンジンなどの野菜とワインヴィネガーでマリネにする。

同様の方法で、長持ちしない魚の保存に使われた料理法は北イタリアにもある。身のやわらかい湖の魚を使った「ペッシェ・イン・カルピヨーネ」がそれで、今日でも伝統ミラノ料理の店に行くと、用意されていることが多い。

また、南イタリアでは「エスカ・ペッシェ」、スペインでは「エスカベーチェ」と呼ばれるほぼ同様の料理があることから、日本と同様の自然条件にあった地中海沿岸の料理が日本に伝えられたということができる。

●カルパッチョ

最近日本でもよく使われる料理名に「カルパッチョ」がある。

もともとは生肉を薄切りにして並べ、パルメザンチーズなどを薄くそいでのせた料理で、下にルッコラを敷いたり、ソースをかけるようになった料理だ。

この料理が知られるようになったのは一九八〇年代はじめの、イタリアにおける「ヌオヴァ・クッチーナ・イタリアーナ」（新イタリア料理）の時期で、ヴェネツィアにあるハリス・バーというレストランの料理が火付け役となった。

そしてイタリアでは生の魚を使い、薄く切ってオリーブオイルやレモンを使った料理も、同様に「カルパッチョ」と呼ぶようになった。

これは当時イタリアで人気を集めつつあった日本の刺身をモチーフにした料理といっていいだろう。私はこのころ日本料理店でこの生魚の料理を宣伝していた。

この料理が日本にも輸入されるようになり、生の魚を多く食する日本人の好みに合ったことから人気を得、多くの料理店のメニューに載《の》ることになった。

第七章　理想のイタリア料理店

スパゲッティの「うどん」時代

日本において、イタリア本国のオリジナル料理が認知されはじめたのはいつごろだろうか。長いあいだ、日本では西洋料理の代表がフランス料理であったことからすると、かなり最近のことではないかと思う。

戦後、アメリカをとおしてスパゲッティやピッツァが日本に入ってきたのは、一九五〇年代の話だ。このパスタやピッツァが本場イタリアのものとかなり違うものである、とわかりはじめたのは一九八〇年以降だろう。

それまでパスタは西洋料理のメインディッシュに添えるガロニ（付け合わせ）にすぎなかった。それもパスタというよりは、一〇〇種類以上あるパスタの一形状であるスパゲッティがその大半だった。

最初に日本人になじんだのは、歯ごたえを残したアル・デンテではなく、うどんのような食感でケチャップを使ったナポリタンやミートソースだった。そばやうどんに慣れた日本人にとって、スパゲッティはつるつるしたうどんのようなものだったのだ。

そういえば、一九八〇年代のはじめに私がイタリアに赴任したころ、イタリアのスーパーマーケットにはケチャップもタバスコもなかった。これらはアメリカで商品化されたもので、イタリア人には必要なかったが、今日ではスーパーにも置かれるようになっている。

イタリアの「パスタ」とはほど遠いものだったにもかかわらず、このスパゲッティやピッツァは日本人に人気があった。そしてチーズやバターのみならず、トマトやオリーブオイルを使用する簡単な西洋料理の代表となった。

世界各地で普及したイタリアのパスタは、加工食品としてすぐれていることはいうまでもない。デュラム小麦（硬質小麦）の粗挽《あらび》きを使用するパスタは高タンパクで長期の保存が可能であり、しかもあらゆるソースや具に合わせやすい。

その結果「たらこスパゲッティ」や「梅スパゲッティ」など日本独自のレシピも誕生した。

一方のピッツァは、チェーン方式のピッツァハウスや宅配ピザのおかげで広く一般に普及した。それはピッツァそのものが完結したバランスのよい料理であり、ピッツァ一枚で一回の食事になりえたからだ。

まず小麦粉を練って作った生地にトマト、オリーブオイルをベースにいろいろな具をのせる。栄養価の面でも申し分ない。

こうして戦後日本人のあいだに浸透していったイタリア料理は庶民の料理。すなわち一九世紀、二〇世紀初頭にアメリカに移民したイタリア人たちがアメリカで普及させた「アメリカ版イタリア料理」だった。

フランスからイタリアへ

一九六〇年代、七〇年代の高度成長期の日本では、西洋料理といえばフランス料理だった。このころ日本では、西洋を代表するプレステージの高い料理が重要とされ、日本各地の高級ホテルのメインダイニングはフレンチが決まりで、シェフからサービスマンにいたるまで、フランス料理のピラミッドが形成されていた。

ところが一九八〇年代、ミラノファッションブームが起こり、世界中に広がると、今度はイタリア料理のブームが巻き起こった。イタリア料理は日本だけでなく世界各国で人気を得、さらにシンプルでわかりやすいことから、カジュアルな料理として、パスタやミネストローネ（野菜スープ）といったイタリアの家庭料理が広く家庭にも浸透していった。

イタリアブームの支えとなったのはファッションだが、実際に観光客としてイタリアに行き、イタリアのファンになった人も少なくないだろう。

リピーターとなってイタリアに行く人々は、イタリア料理が自分たちの口によく合っていることに気づくはずだ。

イタリアは地中海につきだした半島であり、アペニン山脈がその真ん中をはしり、きわめて日本に近い自然環境であるため、野菜が豊富で新鮮な魚も多くとれる。その結果、日本料理とイタリア料理には共通する点が多いことは、すでにふれたとおりである。

新鮮な素材、シンプルな料理法で作られるイタリア料理は、日本人に受け入れられやすい料理ということができるだろう。

もうひとつ、イタリア料理が広まった理由に、世界的な食のライト化の傾向があった。

ソースがしっかりしていて比較的へビーなフランス料理よりも、シンプルでライトなイタリア料理のほうへ流れが変わったのだ。料理だけではない。店の雰囲気やサービス、それに値段もある。

従来のフランス料理を考えてみると、まず第一に、バターや生クリームベースのへビーなソースを使った料理は重く、日本人の胃にはもたれやすい。

第二に、フランス料理店のきちっとしたサービスが重い。自由におしゃべりしながら食事をしたいと考えても、ナイフやフォークの上げ下げまで注目される雰囲気が重苦しく感じられるようになった。

第三に、合わせるワインもそれなりの価格で、あわせるとけっこうな値段になってしまうフランス料理は懐《ふところ》にも重い。

これらの重さから解放され、カジュアルで比較的気軽に行けるイタリア料理店に人気が移っていったということができる。フランス料理店から看板を差し替えただけで、イタリア料理店をはじめる店も少なくなかった。

このように、イタリア料理店のオープンラッシュが続いたものの、その後のイタリア料理店が、リーズナブルな内容とサービスを提供しているかどうか、すべてが軽くなっているかどうかは疑問の残るところである。

米をとがずに炒《いた》める理由

フランス料理を学び、イタリア料理店のシェフをしている人でも、フランス料理とイタリア料理の違いを適確に説明できる人は少ない。それは西洋料理の基本がフランスにあり、イタリアはそこから派生した地方料理、と考えられているからだろう。

しかし、地方料理の連合体といわれるイタリア料理にも、基本となる料理の形がある。これが「ソフリット」だ。

セロリやニンジン、タマネギなどの野菜にベーコンなどの肉を少量加え、香草《こうそう》を加えて炒《いた》めたものである。

イタリアの食の大家、ヴィンチェンツォ・ブォナッシージ氏もその著書で明らかにしているが、この「ソフリット」によって、メインになる魚や肉、あるいはパスタなどのソースの味のバランスをとる。

これは旨《うま》みのベースであり、調理した素材を食べやすくしてくれる。

イタリア料理では、メインとなる素材のおいしさをいかに引き出すか、あるいはおいしさをいかに素材の中に閉じこめるかがポイントになる。

米（リゾ）を例にとってみると、イタリアでは米をとがない。フライパンでそのまま炒めはじめる。

もちろんバターやスープなどを使ってだが、米を洗わないことに意味がある。

イタリアの米は、日本と精米方法が違う。米自体を削《けず》っているため、米の表面に薄い膜はなく、水に浸すと米が水分を多く含んでしまう。

日本では米と米をすりあわせて精米するため、表面の薄い膜が残り、米をといでもあまり水分を吸収せず、炊《た》くとふっくらしたごはんになる。

一方、水に浸さずそのまま炒めたイタリアの米は、炒めているあいだにバターやスープの旨みを吸い込む。そして、もうこれ以上吸収できない、というところまでいったら味を調える。米の中には、たっぷり旨みが詰まっている。

というわけで、「リゾット」には芯《しん》が残ることになる。

日本人にとって、リゾットはできそこないの雑炊《ぞうすい》のように思えるが、このリゾットの作り方を考えると、芯が残っていても当然なのである。

このように、イタリア料理では素材に旨みを吸収させる。あるいはシンプルな方法でその旨みを閉じこめることが調理の中心になる。逆にフランス料理では、四種類のベースになるソースに旨みを凝縮《ぎようしゆく》させ、素材を引き立たせる。

フランス料理のほうが高度の技術を要求されるのはいうまでもないが、素材のよしあしを見極め、上手に使う経験を必要とするのは、イタリア料理のほうだろう。

この意味でも、イタリア料理の調理法は日本料理と共通しているということができる。

イタリアで米を使うこと自体、日本をはじめとするアジアの国々と共通するが、米作りはアラブ人によってシチリア島に伝えられたといわれている。

シチリアには「アランチーニ・ディ・リゾ」という伝統料理がある。

この料理は、アラブ人が運んだアランチャ（オレンジ）、リゾ（米）、羊の肉やチーズを使った料理で、肉やチーズを米の真ん中に詰めてダンゴ状にして揚げたものだ。その色と形がオレンジに似ていたので、アランチーニ・ディ・リゾと呼ばれたという。

シチリア島が砂漠化し、水が不足したことから、シチリア島の米作りは一五世紀はじめ、北のポー川流域に移り、この地域は、現在ヨーロッパの米作りの中心になっている。

日本のイタリア料理店の不思議

日本におけるイタリア料理は何回かのブームを経て、一九八〇年代にはミラノファッションブームにのる形となって大きく発展した。イタリア料理店の開店ラッシュでイタリア料理店のスタッフもおおいに不足した。

これらのイタリア料理店は、いわゆるブティック的な存在で、ファッショナブルな雰囲気、それにモダンな内装が施《ほどこ》されていた。そしてフランス料理店よりも気軽に行ける店であったことから、若い人のみならず社用族にも利用されるようになった。

これらのイタリア料理店で出されるのは、日本人が好きな野菜を多めに使った料理に加えて、魚と肉を使った料理。もちろんパスタはトマトベースのソースを使ったもの。

こうしたトマトやオリーブオイルベースに魚や肉を少しずつ使う料理は、実は南イタリアの料理で、この料理が日本人の好みによく合っていた。

あまりよく知られていないが、今日大きく変わってきているとはいえ、北イタリアの料理はバター、チーズをベースに肉類が多い比較的重いものだ。魚料理も干しダラや塩ダラを使った料理のほか、ほとんどなかった。

日本においてあっという間に数を増やしていったイタリア料理店は、モダンな内装や雰囲気は北イタリアのもので、料理は南イタリアのもの、ということができる。

つまり、日本におけるイタリア料理は、日本独自のイタリア料理店のスタイルに形作られていったといえる。

このイタリア料理店の波はホテルにも押し寄せ、新設ホテルのほとんどにイタリア料理店が入った。

しかし、古くからフランス料理を取り入れてきたホテルでは、イタリアブームが来たからといって、簡単にイタリアンレストランをホテル内に設けることができなかった。伝統ある高級ホテルでは料理人のピラミッドがすでにできあがっており、フランス料理の頂点に立つ総料理長が副社長や役員などの要職についていたからである。

このピラミッドの隙間《すきま》に、イタリアで修業を積んだ若い料理人が入り込む余地はなかった。

また、このイタリアブームによって営業が苦しくなった多くのフランス料理店がイタリア料理店に模様替えしはじめた。もちろん、料理人もスタッフもそのままだ。外に出す国旗の色を変え、料理人をイタリアへ研修に行かせ、本場の料理を見させた。

だが、多くの経営者は、イタリア料理はフランス料理に比べ簡単な料理なので、スタッフにはあまりお金をかけられないと考えていた。パスタを使い、トマトとオリーブオイルをふんだんに使えばイタリアらしくなる、と考えた。

この結果、イタリア料理の本質を学ばずに、イタリアの素材を使うことによってイタリア料理店を名乗る店が増えていった。

ちょうどブームが絶頂期に達した一九八〇年代後半のことだ。たしか、一九八九年だったと思う。

イタリアの食の大家、ブォナッシージ氏の『イタリア人のイタリア料理』という本の抄訳《しょうやく》が日本で出版されたときのことである。

同氏が来日し、大阪の辻《つじ》調理師学校に挨拶《あいさつ》に行った。新しい本を持参して見せたところ、「ブォナッシージ氏の名前だけでは、日本では料理本は売れないでしょう」ときっぱりいわれてしまった。

それに加えて「辻先生の名前をつけたほうがいいでしょう」ともいわれた。当時フランス料理界のブランドとなっていた辻静雄《しずお》先生の名前が絶対的と考えられていたためだろう。

このころはまだ、西洋料理の中心はフランス料理であり、イタリア料理は家庭料理と見なされていたのだ。料理学校でイタリア料理を専門的に教えるところもほとんどなく、不思議に思ったが、これが現実だった。

こんな厳しい言葉をいただいたにもかかわらず、この本はオリジナルの写真がよかったこともあって、プロの料理人の人気を得た。そして、しだいにイタリア料理の強い流れが感じられるようになっていくのである。

パスタにスプーンは必要か

私は二〇年以上イタリアに行き来しているが、イタリアのレストランでパスタを食べるとき、スプーンが出てきたという記憶がない。みなフォークだけで器用に食べていた。日本ではなぜかスプーンも出てくるところが多いが、パスタはフォークとスプーンで食べてはいけないのだろうか。

ここで、パスタの食べ方の歴史をひもといてみよう。

乾燥パスタがナポリで流行しはじめたころ、パスタは手でつまんで食べるものだった。パスタを手でつかんで上を向き、口の上にかざし、それを口の中にほうり込んでいた。

この食べ方では、パスタをすすることがなく、絶対に音が出ない。イタリア人が音を立てずにパスタを食べるのはこのためだと思う。

これに対し、そばやうどんなど熱い汁に入ったものに慣れた日本人の食べ方では、パスタでもついズズッと音が出てしまう。イタリア人のように、少し顔を上げて上からパスタを口にほうり込むように食べれば音は出ない。気になる人は試すといい。

さて、パスタがナポリではやりはじめたころ、パスタが大好きなナポリの王様は、例によってパスタを手づかみで食べるため、上着はいつもトマトソースで汚れてしまっていた。

この王様は、来客にも上着を汚すことなくこのおいしいパスタを食べてもらいたいと考え、給仕長のスパダッチーニによい食べ方を考案するよう命令した。できなければ打ち首だと宣言されたスパダッチーニは、何とか手を使わずに、服を汚さずにパスタを食べる方法を考えに考え抜いたあげく、考案したのが三本に分かれたフォークだった。

実はフォークは古代ローマ時代から存在したが、長くて先が二本に分かれた大型のもので、大きな肉の塊《かたまり》をナイフで切り分けるとき、肉を押さえるのに使用していた。これを食卓で各人が使っていたわけではない。

通常は切り分けられた肉片を、パンを使って手で食べており、ヨーロッパ各国でもこの食べ方が長いあいだ踏襲《とうしゅう》されていた。

スパダッチーニは先を三本にしたフォークにパスタをからませ、自分で試してみたが、最初はフォークの先が長すぎて口の中を刺してしまい、血だらけになったため、先を短く切って、丸めたのである。

これが今日のフォークのはじまりだということだ。

さて、今度はスプーンの話をしよう。

イタリアではパスタのことをパスタッシュッタと呼ぶ。アシュッタとは乾いているという意味で、パスタをスープに入れるのではなく、パスタにソースをからめて食べるということだろう。

したがってソースに汁はなく、ソースがパスタにしっかりからまった状態と考えられる。汁のないパスタ料理にはスプーンは必要なく、フォークだけで食べる。

これがイタリアでは一般的になった。

ただし、大人数で食事をするナポリやローマの家庭では、たっぷりのトマトソースを使ってパスタを大皿に大量に盛ってテーブルに出し、これを家族が囲んで食べたため、トマトのソースが残った。これをスプーンで食べていたということだ。

いずれにしても、パスタは少量を横に分け、しっかりフォークにからめれば、フォークだけでも上手に食べられるようになる。また、銀食器を使う日本の高級イタリア料理店では、スプーンの腹が傷つき、いたむので、フォークだけで食べる食べ方を試してみよう。たぶん、これは店にとっても望ましいことだろうと思う。

「パスタ料理」の真髄《しんずい》とは

日本にはチェーン店化された数多くのスパゲッティハウスが存在するが、イタリアにはスパッゲッティハウスやパスタハウスといったものは見あたらない。

ピッツェリアはたくさんあるのに、どうしてだろうか。

それは、ピッツァは生地だけを食べるのではなく、ピッツァ全体として完成したバランスのよい料理としての位置づけにあるのに対し、パスタはパスタそのものを食べる料理という意識が強いためだろう。そのために、パスタは前菜のあと、メインディッシュの前というポジションが定着した。

　南イタリア人の話を聞くと、みなパスタにはこだわりがあり、デュラム小麦の香りや味わいのあるパスタが食べたいという。

　つまり、イタリアでは具は別物であり、パスタを食べるためのソースがあれば具は必要ないということだ。むしろ具の部分は、前菜やメインで、別にしっかりと味わいたいということらしい。

　たしか一九九五年だったと思う。

先にふれた食の大家ブォナッシージ氏が「ブルータス」誌の取材のために来日し、東京、大阪、京都の有名イタリアンレストラン何軒かを訪問した。取材のテーマは、トマトベースとオリジナルの、二種のパスタ料理だった。

　同氏は一三七〇にも及ぶパスタ料理のレシピを載《の》せた『パスタ宝典』の著者で、ワシントン・ポスト紙で「キング・オブ・パスタ」と称された人物だ。

　取材を受ける側も、イタリアの食のプロが見にくるのに、どんなパスタ料理を作ったらよいかとまどったに違いない。

このとき私は同氏の通訳をしていたので、その内容を今でも覚えている。

とにかく、トマトソースのベースとなるタマネギを何分炒めたか、これを全員のシェフに質問した。

一〇分、二〇分でも少ないといい、三〇分炒める、という答えにはニコニコ顔になった。トマトソースの基本はまず、旨みのベースとなるここから、といいたかったのだろう。

東京の某レストランで、パスタに野菜や魚介類が山盛りになって出てきたときである。

「このパスタ料理はパスタを食べるのか、具を食べるのか」と質問した。

シェフがすかさず「この料理はお客さまの要望にお応えして……」と答えると、

「別に皿を用意して、具は別に食べたほうがもっとパスタをおいしく食べられるよ」とブォナッシージ氏。

こんな具合に、日本のパスタ料理がイタリアとは多少違う位置づけにあることを上手に指摘していたのを覚えている。

ある日、ブォナッシージ氏がうどんが食べたいというので、うどん屋さんに行って天ぷらうどんを注文した。すると、麺《めん》をどんぶりから別の皿に取りだし、それを音を立てずに食べ、汁は別に飲んでいたのだ。

この人も、やっぱりパスタッシュッタに慣れたイタリア人なんだなあ、と納得してしまった。

本場のレストランはにおいが違う

九年間にわたる二度目のイタリア駐在を終えて日本に帰国し、何度か家族でイタリア料理を食べに行く機会があった。

レストランに入ると、二人の子どもがイタリアのレストランとにおいが違うという。

子どもたちもイタリアではまだ小さかったので、もちろん高級レストランには連れていけず、外食といえばピッツェリアやトラットリアが多かった。

イタリアでは、レストランでゆっくり食事をするのは大人の特権で、子どもたちは家で留守番をするのが一般的。一〇歳を過ぎるころから、たまにレストランにも連れていってもらえるようになるが、きちっとした服装で、それなりの紳士《しんし》・淑女《しゅくじょ》になり、すまして出かける。

子どもたちは、もしヘマをすれば二度と連れてきてもらえないと思うから、これがあのイタリアの子どもたちか、と思うほど、チョコンと座って静かにしている。こういうことが何度かあって、子どもたちもだんだんとしつけられていくのだ。

私もレストランの支配人をしているとき、こういう子どもたちをよく見かけた。みなきちんとしていて行儀《ぎょうぎ》がいい。

これに対し、日本人や韓国人の子どもたちはたいへんだ。海外であり、家族が子ども中心になっていることから、高級店（一応和食の高級店だった）といえども日本のファミリーレストランのようになってしまう。

そこで夜に小さな子どもが入ってくる場合は、できるだけ個室を用意するようにしていた。たとえ子どもが騒いだりしても、これは子どもの責任ではない。親の責任だ。日本人はどうもこの割り切りが下手なようで、自分の子どもが騒いでも、つい「子どもだから」と見過ごしてしまう。これがイタリア人の目からすると、しつけができていないように映るのだ。

それに本人たちも食事を楽しむことができない。

さて、日本のイタリア料理店に話を戻そう。いったいなぜイタリアとにおいが違ってしまうのだろう。

それは、いろいろなものを狭い店内で作るためだろう。最近ではオープンキッチンの店が多く、自家製のクルミやハーブ入りのパンやグリッシーニを焼いたり、バターを使ったケーキを焼いたりしている店が多い。

イタリアのレストランでは、営業時間中は客がオーダーした料理に集中して、それだけを作っている。だから店に入ると、トマトやニンニク、タマネギや肉など、そのあとすぐに出てくる料理のにおいが店中に立ちこめている。

どうも子どもたちは、このお腹《なか》がグウッと鳴りそうな、料理を想像できるにおいに慣れていたらしい。

日本のイタリア料理店が営業中によけいなことをしている、という気はさらさらないが、客が入ってきたときに、パスタ料理やメインの料理がイメージできるような、そんなにおいが立ちこめていたらいいなあと思う。

前菜が作り置きされることはしかたがない。しかし、パスタやメイン料理はその場で作っていてほしい。そのにおいが立ちこめている店は、何か活気があって、自然に入っていけるのだ。

そして料理も何となく早く出てきて、料理や素材に関する話もおおいに盛り上がるような気がする。

プロのサービス

イタリアで一人あたり一万円を支払うような料理店には、必ず背広を着たオーナーや黒服のカポ・セルヴィッツィオ（給仕長）がいて、非常に丁寧に客を迎え入れてくれる。

これが他のサービスマンにも徹底されていて、実に気持ちがいい。

トレイを使わず、両手と両腕を使って実に巧みに皿を運んだり下げたりする。彼らはまさしくサービスのプロであり、この仕事で一生食べていこうという人が多い。若いときには学校や現場でサービスを学び、フランスやイギリスへ仕事に出かけてインターナショナルなサービスだけでなく、言葉も覚えて帰る。

というわけで、年配の黒服を着たカポ・セルヴィッツィオは外国語をあやつり、実に自信に満ちていて、きわめて自然に客と接することができる。というのは、一般の店ではシェフがオーナーでない限り、カポ・セルヴィッツィオのほうがシェフよりも力をもっているからだ。

客が特別料理を希望すれば、それをキッチンに伝えて作ってもらう。たとえば、バジリコとニンニク抜きの、少し固めにゆでたトマトソースのスパゲッティというふうに。こういう客は、どこへ行っても自分の好みのパスタを注文し、望みどおりであれば、満足してチップもはずむのだ。

一方サービス側は、この希望をかなえ、満足してもらうことでチップをもらうが、これはばかにならない額になる。人気の店ともなると、給料を上回ることもある。

集められたチップは全部プールされ、カポ・セルヴィッツィオが決めた各サービスマンのポイントにしたがって配布される。そして、グラスをよく割るウェイターは、カポからこのポイントを減らすぞ、と脅《おど》されることになる。

いずれにしても、プロの世界の話だ。

さて、一方の日本のイタリアンレストランはというと、多くの場合、シェフの人気で客が集まっている。こういう店ほどサービスが十分でないことが多い。

本来であればサービスマンは料理人とはまったく別の立場で客に接し、サービスすべきで、料理を理解していることはもちろんのこと、サービスに関しても経験を積んでいる必要がある。

だが残念ながら、フランス料理店よりも比較的価格の安いレストランとして認知された日本のイタリア料理店のサービスマンは、アルバイトであることが多く、十分に訓練されていないケースが多い。

こうしたことから、出された料理の内容を聞くと「少々お待ちください」といってキッチンに入り、なかなか出てこない、といったことが多くなる。イタリア料理の場合、素材を生かした料理が多い。ワインを選ぶにも、素材を知り、調理のしかたを理解したうえでないと、相性がわからないのだ。

料理の素材とワインのヴァラエティがフランス料理以上に多いイタリア料理だからこそ、この組み合わせを楽しませてくれるサービスが望まれている。

よいイタリア料理店の見分け方

日本の全国ベースの電話帳には、三〇〇〇をこえるイタリア料理店が載っている。イタリア料理店は何回かのブームを経て毎年その数を増やしてきているが、サービス、料理の内容があまりにも価格とかけ離れている場合が多い。

東京都内でいえば、麻布《あざぶ》や青山《あおやま》、代官山《だいかんやま》あたりはイタリア料理店のメッカになっているし、新しい大型ビルには必ず一軒や二軒の高級イタリア料理店が入っている。

その多くは本国イタリアだけでなく、他の国で人気を得ている店や人気シェフがいる店で、内装もかなりしっかりした高級感のある店だ。

どの店のワインリストにも人気のイタリアワインがびっしり並び、価格も七〇〇〇円から一万円以上と最低価格が高い。

イタリアでは高級店に行っても、高級ワインだけでなく、一応オーソドックスでリーズナブルな価格のワインをいくつか置いている。多くの料理に合わせやすいワインだ。

ところが日本の高級店にはソムリエがいない店も多く、名前のみが先行していると思われるブランドワインが、上から価格順に並んでいる。そして料理にワインを合わせるのではなく、ワインはワインでひとつのブランド、つまり高級バッグをもつような感覚でテーブルに置かれる。

野菜と魚中心のデリケートな料理で知られる有名店で、一万円をこえる高級赤ワインがどんどん注文される。

ワインを選ぶのは客で、料理との相性など顧客がよいといえばそれでよいのだが、店側のサジェッションもある程度必要だろう。

イタリア料理店をワインの面から評価すると、まず、料理を決める前にワインリストを渡し、ワインを決めようとする店は失格だ。ワインリストも価格順ではなく、少量でも州別に並べてあれば安心だ。ワイン名はともかく、そのワインのカテゴリー、たとえばDOC、DOCG名が明記されていること。さらに重要なのは生産者名。

キャンティやソアーヴェなどのワインは生産者の数も多く、価格もさまざまで、生産者によって二倍、三倍の価格もありうるからだ。

次に、ワインについていろいろ聞いてみるといい。

ソムリエでなくても、自分の店のワインについて知っているのが普通で、知らずに売っているようでは心配になってくる。

サービスの人間が料理の説明をきっちりできるかどうかも重要だ。おすすめ料理であれば、なぜおすすめなのか、説得力のある説明が必要だ。

一般にいわれることだが、店の客単価の目安はメインディッシュの三倍。

つまりメインディッシュが二五〇〇円平均であれば、コースで頼んだ場合の客単価は七五〇〇円ということになる。もちろん、私のようにワインを多く飲む客は一万円をこえてしまうことも多々ある。

しかし、それほど高いものを頼んだつもりがないのに目安の金額をこえてしまうという場合、他のチャージが加算されているわけで、こういう店はあまりおすすめできない。

イタリア料理店は、あまり大きな店はないので、イタリア流に、まず店の人と仲よくなるのがポイントだろう。自分のことを覚えておいてもらえれば、次に来たとき好みの席の確保やワインの持ち込みなど、何かと頼みやすくなる。

そのためには気に入った店に何度か通い、自分を覚えてもらう必要がある。

さらに店でものをいえるようになったら、今度は予算を伝えて、いくらでやってほしいと頼んでみることだ。あらかじめ予約を入れておけば、店のほうも準備しやすい。そして多人数であれば事前に合わせるワインも用意しておける。

こうしたミオ・リストランテ（自分の行きつけの店）が数軒できれば、ＴＰＯに合わせて、また予算によっても使い分けることができる。

第八章　スローフードの国、イタリア

赤ワインブームの背景

一九九八年の赤ワインブームはまだ記憶に新しい。赤ワインであれば何でも売れ、酒屋の店頭から赤ワインが消えた。

発端《ほったん》はアメリカ発の報道で、「フレンチ・パラドックス」。すなわち、ワインをたくさん飲み、バターや肉などの動物性脂肪の摂取が多いフランス人の心疾患《しんしっかん》による死亡率が低い、というものだった。

米国政府は一九九五年にワインの健康に関する研究に二〇〇万ドルの予算を計上し、アルコールのポジティブな面での研究に投資していた。

この成果ともいえる、ワインの健康に関するテレビ番組が放映され、これを受けて日本でもこの内容が何度となく放映された。

「フレンチ・パラドックス」のベースとなるフランス人に関する情報は、WHO（世界保健機関）などによる調査から知られていた。

通常、動物性脂肪の摂取と心疾患による死亡率は相関関係にあるが、フランスの場合は大きくはずれ死亡率が低い。年間一人あたり六〇リットル近くのワインを飲んでいるフランス（ちなみに日本は二〜三リットル）は、ワインを大量に飲んでいるために心疾患による死亡率が低いという結果が出たのだ。

さらに調査すると、赤ワインに含まれるポリフェノールは、抗酸化作用《こうさんかさよう》が強いといわれるビタミンEの、二倍の抗酸化作用をもつことが判明した。ポリフェノールは動脈硬化《どうみゃくこうか》の原因であるコレステロールの酸化を防ぐため、動物性脂肪を多く摂取しても、赤ワインを継続して飲んでいれば心疾患になりにくいということがわかった。（参考：佐藤充克『ワインと健康』醸協）

一方白ワインはというと、赤ワインほどポリフェノールを含んでいないが、食欲を増進させる有機酸《ゆうきさん》を多く含み、腸内細菌のバランスを整える作用がある。

したがって、食事の際にはまず、有機酸を多く含む白ワインからはじめ、食欲を促進させてから赤ワインに移り、肉類をしっかり食べるといった食事が理に適《かな》っている、ということになる。

さらに、ポリフェノールやビタミンE、オレイン酸などを多く含む生のオリーブオイル、そして同じく抗酸化作用があるといわれるリコピンを含むトマトのソース入り高タンパクパスタが加われば、理想的な食事になる。

実は、この理想的食事のスタイルは南イタリアの食生活そのものであり、いかに南イタリアで健康的な食生活が営まれているかがわかる。

イタリア人の日常食

イタリア人の食事というと、前菜からパスタ、メインディッシュ、ドルチェ（デザート）と、とてつもない量の食事を思い浮かべる人が多いかもしれない。

しかし、イタリアの一般家庭では、平日にコース料理を食べることはほとんどない。かといって、日本のようにスパゲッティだけで食事をすますということもない。

朝はカプッチーノとブリオッシュ（クロワッサン風のパン）だけという人も多く、BAR《バール》に立ち寄ってブリオッシュ片手にカプッチーノを飲んでいる人の姿もよく見かける。街の中心地のBARは大混雑だ。

たしかに田舎《いなか》のホテルに泊まると、朝はブリオッシュやビスコッティ（ビスケット）、それにジャム程度しかなく、貧しい朝食のように思える。しかし、夜の食事が比較的遅いイタリア人にとって、これは自然な流れなのかもしれない。

昼は簡単に作れるパスタ料理や、前もって用意できるミネストローネ（野菜のスープ）やパスタ・エ・ファジョーリ（パスタと豆の野菜入りスープ）などの料理にパンとチーズが一般的だ。

とくにミネストローネは、豆やパスタを加えれば別の料理ができるので、大量に作っておくと重宝する。

平日の夕食はパスタやリゾットなどのプリモ（ファーストディッシュ）と鶏肉、仔牛肉《こうしにく》、牛肉などの料理と、それに合わせた野菜あるいはチーズなど。食後には果物を食べることが多い。

チーズやサラミなど保存のきく食品は、ほとんどの家にストックされていて、肉などの料理がないときに出すことが多い。

魚料理はほとんど作らず、外で食べるのが一般的なのは、台所が魚を料理するようにできていないためだ。

日曜日、とくに来客のある日には当然皿数も多くなるし、必ずドルチェも用意される。

南イタリアでは乾燥パスタの消費が多く、一度に大量のパスタ料理を作るが、残ったらどうするかというと、これに卵を混ぜ、塩、コショウ、粉チーズで味つけしてフリッタータ（オムレツ）にする。冷えてもおいしく、形もくずれないので、屋外での食事にもっていくには最適である。

北イタリアのミラノでも、サフラン入りのリゾット・ミラネーゼが残ると、これをフライパンで焼いて食べる。味がしみていて、翌日のほうがおいしいほどである。この料理は「アル・サルト」と呼ばれ、今日では用意してくれる店も少なくなった。食べたいときは予約のときに頼んでおくほうがよいだろう。

マクドナルドを嫌うイタリア人

二度目のイタリア駐在のときには、ミラノにマクドナルドがオープンしていた。フランス系の「クイック」というチェーンに押され気味ではあったが、独自に子ども向けセット・メニューを開発したり、お誕生会用メニューを作るなどして子ども市場を開拓していた。私の子どももまだ小さく、イタリア人に、ときどきマクドナルドに行っていると話すと、彼らは決まって「あれはよくない」という。「人間の食べるものではない」とまでいっていた。けっこう若い人でも、自分は行かない、という人が多かった。

実際イタリアにはすばらしい料理も多いから、彼らは自分たちの料理に自信をもち、アメリカの量産システムで作られるハンバーグを信用していなかったに違いない。

われわれは必要だから行く、といっても、イタリア人には理由がよくわからなかったらしい。だが、近くに祖父母や親戚がいるわけではないので、外に出るときはどこかで食事をしなければならない。ピッツェリアやトラットリアでも、子どもが小さすぎるとゆっくり食事などしていられない。もともとゆっくり食事をしようなどとは思っていないが、とにかく子どもを連れて入れる場所が必要なのだ。

食事を楽しむことを最優先にしているイタリア人には理解しにくいことかもしれないが、食事の場所とサービスを提供してくれていると思えば、割り切りもつくと思うのだが……。

「おいしくないから行かない」という人も多かった。

もちろんわれわれも、他のイタリア料理と比べておいしいと思っていたわけではない。あくまでサービスを受けにいく、というのが目的だから、おいしいおいしくないは二の次なのだ、と説明していたが、本当に理解してもらえたかどうかは疑問である。

その後マクドナルドは、先発のチェーン「クイック」を買収し、店数を増やしていった。子ども市場と一〇代が中心で、日本とは違ってサラリーマンやOLの需要はあまり掘り起こせなかったようだ。

それでもイタリア人のライフスタイルが変わり、子ども連れがサービスを受けられる場所としてのマクドナルドが認知されつつあるのは事実だろう。そして、外国から来る多くの観光客にとっては、とりあえず冷たい飲み物と食べ物にありつける場所になっている。

スローフードとは何か

イタリアでマクドナルドが開店し、これに関連して話題になったのが「スローフード」という言葉だ。

ローマの中心地にマクドナルドのイタリア第一号店が開店したのをきっかけに、一九八九年、世界の食の均一化に反対して「スローフード協会」が誕生した。

スローフードがファーストフードの反対の言葉であるといってしまえば簡単だが、それでは何やらよくわからない。

一九五七年、北イタリアのトリノ近郊の田舎町、ブラではじまった「アルチゴーラ（イタリア余暇文化協会）」という組織が基本となっている。

この協会は食の均一化のみならず、豊かなコミュニケーションの場としての食の喪失を危惧《きぐ》したもので、手作りのすぐれた食品を守ることをうたっている。

つまり、イタリアのみならず、世界の伝統的な農産品など、伝統食品を守ろうというもの。EC（ヨーロッパ共同体。現在のEU＝ヨーロッパ連合）統一にともない、EC内で一九九二年に承認され、一九九六年から実施された保護農産物および食品は五〇〇以上あり、そのうち一〇〇以上がイタリア製品で、チーズ、生ハム、サラミ、オリーブオイル、野菜、穀物《こくもつ》、生鮮肉加工品、菓子、生パスタ、熟成酢《じゅくせいす》、水産加工品などがある。

この政策は山奥の農村にあって商業的に不利な地域の特産品振興の援助、品質管理をねらってEC内の特別検査機関によってチェックし、パスした生産者協会に認定証が与えられる。

しかし、一方ではイタリアの伝統チーズや生ハム類など多くの製品がECの認定を受けるために伝統的な製造法が認められず、均一化せざるをえなくなったのも事実で、伝統そのものを残そうとするスローフード協会にとっては皮肉な内容になっている。

また、このスローフード協会が北イタリアで生まれたのも興味深い。今日でもイタリアの南部は北部よりも貧しく、依然として家族での食事も重要視され、スローフードの基本が営まれている。本来であれば、地中海式ダイエットの見本となっている南イタリアの食生活や家族主義も巻き込んで、運動を推し進めていくべきではないだろうか。イタリア各地のナチュラルな特産品に地中海式ダイエットのような健康な食生活を加えれば、本当の意味でのイタリアの食生活のすばらしさを世界に紹介できる。

さらに、この運動が、最近ではビジネス先行型に変化してきていることに危惧《きぐ》の念を抱く。発行するガイドブックや特産品紹介本に紹介される場合、商品の提供や商品の宣伝費用が要求され、ビジネスに使われる現状は、あまり感心できるものではない。

地中海式ダイエット

ダイエットと聞くと、とにかくやせること、と考えがちだが、本来ダイエットとは健康に生きるための生活法であって、古くは古代ギリシャの哲学者、ヒポクラテス（紀元前四六〇～前三七五年頃）の著書、「ヒポクラテスの医学」にはじまるといわれる。

これが中世となると、実践としての医学は養生法《ようじょうほう》、薬学、外科として認識されるようになり、やがて一三世紀にナポリの南、サレルノのヨーロッパ最古の薬学校の教科書として使われた「サレルノ養生訓」が生まれ、中世末期まで、もっとも民衆的な健康の書となっていた。内容も魅力ある詩形式で書かれ、健康な人間の生き方のみならず、ユーモアの薬味もきいている。きわめて広い範囲の民衆に浸透しており、多くの言語に訳されたといわれる。

具体的な内容はというと、たとえばクルミをひとつ食べるのはたいへん健康によいが、二つ食べるとお腹《なか》をこわし、三つ食べると病気になってしまう、といったもので、必ずしも今日の医学として正しいものばかりではないが、食生活上の注意事項についてわかりやすく記されている。

さて、地中海式ダイエットとは、実際どのようなものなのだろうか。

南イタリアではオリーブオイルを多用するが、オリーブオイルの中に含まれる不《ふ》飽《ほう》和《わ》脂《し》肪《ぼう》酸《さん》の働きで血液中のコレステロールが低下し、血液が常にきれいに保たれるといわれる。

また、デュラム小麦の粗《あら》挽《び》き粉《こ》を一〇〇パーセント使用するパスタやパンを多く食べる南イタリアの食事は、高タンパクで、パスタ・エ・ファジョーリなどの料理からもわかるように、豆類の摂取量も多い。

パスタをはじめ多くの料理に使われる真っ赤に色づいたトマトは、南イタリアで量産される。このトマトには油に溶けるリコピンが豊富に含まれる。リコピンには抗酸化作用があり、動脈硬化やガンの発生を抑える働きがあるといわれている。

南イタリアは海に面していることから、当然魚介類を多く食べ、とくにイワシやサバなどの青魚を食べるため、血液中のコレステロール値は、青魚に含まれる不飽和脂肪酸によって抑えられることになる。

肉類も仔牛や仔羊、または赤身肉など脂肪分の少ない肉を食べ、調理のしかたもグリルや炭火焼きなどシンプルで、目に見えない脂肪分も取り除かれる。

野菜のグリルや、ズッパ・ディ・ヴェルドゥーラ（野菜の煮込み料理）などで野菜も多くとり、食後にはビタミンCをはじめ各種ビタミン、繊維質を多く含む果実類を食べる。

調理のしかたもシンプルで、調味料にはハーブ類を多用し、塩分を抑えめにしているのも重要だ。

さらに、食事のときには水に溶けるポリフェノールを含むワインが必ず用意され、欧米の食事の中にあっては、きわめてバランスのよい食事法ということができる。

ちなみにアメリカやイギリスでは脂肪分を四〇パーセント以上とっているのに対し、イタリアでは三〇パーセント、とくに南イタリアではその多くが植物性脂肪になっていることからも、食事の内容の違いがわかる。

欧米の先進国では、地中海式ダイエットと呼ばれる食事法が注目され、実際の食事にも取り込まれるようになったが、元来摂取するカロリーそのものが少ない日本においては、地中海式ダイエットという言葉そのものが先行し、食事の中身についてきっちりとした説明がなされてこなかった。

西洋風の食事が、日本人のライフスタイルのみならず、健康にも影響を与えるようになった今日、その本質を考え、探ってみる必要がある。

アンセル・キース博士の研究

一九七〇年代の終わりに、地中海沿岸地方の、とくに南イタリアの伝統的な食事が健康によいことを調査するため、ナポリの南、チレント地方を訪れたのは、オックスフォード大学教授のアンセル・キース博士だった。

このチレント地方は、今日WWF（世界自然保護基金）に認められる自然保護地区に指定されている。

博士は、心臓疾患が世界一多いといわれるフィンランドのカレーリア地方での心臓疾患患者が平均の四倍もあるのに対し、チレント地方ではほとんどゼロという報告をもとに、オリーブオイルの効用を証明しようとした。

ところが、結果からいうと、効用はオリーブオイルだけではなく、チレント地方の食生活全体のバランスのよさにあるという結論に達した。

博士はこれを証明すべく、両地方の食事を相互に逆転して食べさせる実験を行った。フィンランドでは肉、バター、チーズなどの動物性脂肪が食事の基本であるのに対し、南イタリアではオリーブオイル、オリーブの実、パスタなどが基本である。

フィンランド側では南イタリアの食事を、一方の南イタリアでは逆にフィンランドの食事を四ヵ月間とる、という実験が同時期に実施された。この調査には二七歳から四〇歳までの二五家族、計五〇人が選ばれ、実験後に体重、血圧、コレステロールなどが測定された。

南イタリアでは、なかには食事を拒む人が出、一部の人は体がむくむような気がすると訴えたという。

四ヵ月後、フィンランド人のコレステロール値は二二パーセント下がり、イタリア人は一五パーセント上昇した。

こうしたキース博士の実験により、心臓疾患は食事法によって予防でき、健康の維持には南イタリアに代表される地中海式食事法が向いていることが実証された。実験結果はイギリスやアメリカのテレビで報道され、世界的に「地中海式ダイエット」という言葉が認知されるにいたった。

その後、実験を行ったフィンランドでは、オリーブオイルをはじめとするイタリア食材の輸入が大きく増え、イタリア産オリーブオイルやパスタ、野菜類などがスーパーマーケットに並ぶようになったという。

博士自身が長寿を実践

キース博士が年の半分はこのチレントに住んでいると聞き、私が博士を訪問したのは一九九六年。キース博士の実験のアシスタントをしたクッコ氏と一緒に訪問した。

博士はすでに九〇歳を過ぎ、ほとんど話はできなかったが、一緒に生活していた奥さんのマーガレットさんが、そのときのことを話してくれた。博士の本には日本語訳もあるといって見せてもらった。後日、日本で調べてみたが、すでに絶版になっており、見つからなかったのは残念だった。

その後、私は南イタリアに行くたびに博士のことを思いだし、博士のようにイタリアに住んで健康に生きる法を実践するのも悪くない、と思うようになった。

その六年後、キース博士がまだ健在との報を耳にした。チレントの別荘を売ってしまったことは知っていたが、もう一〇〇歳をこえているはずだ。

イタリアの新聞には「アンセル・キース氏に一〇〇歳の誕生日を記念してイタリア国から金のメダルが贈られた」とある。キース博士が住む、アメリカ・ミネアポリスの自宅に届けられたそうだ。

そして二〇〇三年七月五日にはナポリの南、二〇〇〇年以上前に建てられた神殿のあるパエストゥム（キース博士の住んでいたチレントに近い）で、「アンセル・キースの一〇〇年」と題したシンポジウムが行われ、イタリア内外のスペシャリストが参加している。

地中海式ダイエットは、イタリアを代表するオリーブオイルやトマト、パスタなどの農産品の振興に一役買っただけではなく、中部・北部のイタリア人にも重要な食生活の変化をもたらした。世界的な健康ブームからすれば、健康に生きるための食事法「地中海式ダイエット」は、さらに拡大されるべき運動だろう。

アンセル・キース夫妻をチレントの別荘にたずねる

オリーブオイルは日本人向き？

そういえば一九九四年のナポリサミットのとき、日本の村山富市《むらやまとみいち》首相（当時）がお腹をこわしてダウンしてしまい、その原因がオリーブオイルであった、と報道されたことがあった。オリーブオイルの名誉回復のために、ひと言コメントしておきたい。

たしかにふだんあまりイタリア料理を口にすることのない日本人の年配者にとって、生のオリーブオイルはなじみがない食品だ。オリーブの実を生のまま搾《しぼ》り、フィルターにかけただけの、化学処理をしていない唯一の生の油、オリーブオイルは、慣れないとお腹はびっくりするかもしれない。

私が日本食レストランの支配人をしていたとき、オリーブオイルが合わなくて、油を使わないさっぱりした料理を食べさせてほしい、といって入ってきた日本人の年配客もあった。

ただ、個人差はあるにせよ、年配者でもある程度慣れれば、これほど体によい食品はない。少しずつサラダに入れるなどして慣れていけば、お腹の負担にならずに食べられるようになるだろう。オリーブオイルになじみのない方も、ぜひ試してみてほしい。

庶民の市場、メルカート

イタリアに赴任した最初のころ、休みの日にメルカート（青空市）を見に行くのが楽しみだった。色とりどりの新鮮な野菜や果物、見慣れない食材、季節によって変わる商品も興味深かった。

そこで、イタリア料理の説明を、料理の素材の分析からはじめようと思った。きっとそのほうが、イタリア料理をわかりやすく説明できる。

イタリアの自然によってもたらされた食物、人間の手によって作られた農産物、そして異文化の流入によって得られた料理の素材を解説したら……というアイディアをふくらませるきっかけ

野菜や果物が彩りよく並ぶメルカート

となったのがメルカートだった。こうして私の最初の本、『基本イタリア料理』ができあがったのだ。

さて、メルカートに話を戻そう。

イタリアにはいろいろなメルカートがあるが、一般的にはメルカートというと青空市をさす。このほかに常設の公営メルカートがあるが、魚市場、青物市場などの卸市場《おろしいちば》もメルカートと呼ぶ。

中央アジアからヨーロッパに広まった市《いち》のひとつであるメルカートは、今日でもイタリア人にとって大切な庶民の市場になっている。通常月曜日から土曜日まで各地の所定の場所で開かれるが、場所は、いつもは青空駐車場になっている並木道がほとんどで、前日の夜中にチェックし、駐車している車があれば罰金つきで移動させる。

メルカート用の場所も、駐車している車が全部なくなると、ここがあの通りだったかと見違えるほどになる。メルカートが立つと、野菜や果物を売るおにいさんやおじさんたちのかけ声も威勢がいい。通りの反対側の店のほうが売れ行きがよく、人が並びはじめると、こちら側の店では、「小さくても味はこっちのほうがいいんだ」とオレンジやみかんを割って食べさせる、といった具合だ。

最初のころは人が多く並んでいる店でまとめて買っていたが、店によって得意とする商品が違うので、慣れてくると野菜を買う店、果物を買う店、チーズを買う店、と店を決めて買うようになった。やはり人気のある店には行列ができていた。

日本のように一個単位で売るものはほとんどない。みな、キロ単位だ。私がいたころの通貨はユーロではなくリラだったので、キロあたりでもけっこう安く感じられて大量に買いすぎ、あとで困ったことも何度かある。

朝七時から午後二時ぐらいまでの営業で、営業が終わると清掃車が通り、もとどおりにきれいに掃除していく。

私の住んでいたミラノには、一〇〇近くのメルカートと一五の公営メルカートがあり、ひとつのメルカートには一〇〇から三〇〇の店が並んでいた。野菜、果物、チーズ、ハム類、鶏肉、焼き鳥を売る店、魚屋、オリーブの実などの漬物屋、豆類、乾燥品の店、パンや菓子を売る店など、食品の店の種類は多い。このほか花屋、雑貨屋、衣類、革製品の店、靴屋、ペットショップまである。とにかく日用品は何でも手に入る。

スーパーマーケットに行ってもこれだけの商品は一度に手に入らないし、普通街中での買い物では目的の店を探して歩かなければならず、実に時間がかかる。

イタリア人がメルカートに行く理由はほかにもある。

イタリア人は会話を楽しみながらの買い物が好きで、売り手の説明を聞いてから買っている。今日でもイタリアに百貨店が育たないのは、ブティック販売が主流であるためだ。そう考えると、イタリア人の買い物の原点はメルカートにあるといえるだろう。

メルカートへ週に一〜二度買い出しに行き、スーパーマーケットのようにそこに置いてあるもの、ではなく、自分の目で見て、説明を受けて選び、両手いっぱいの食料品を買って帰る。

食材を選ぶのは料理の基本だが、イタリアでは多くの男性がメルカートで買い物をする。自分自身のこだわりの機会をつくり、縁日《えんにち》にでも出かける気分で行っているに違いない。

メルカンテ（店の人）との会話を楽しみながら買い物をするほうが、スーパーマーケットに行くよりもずっと人間的、あるいはイタリア人的なんだろうなあ。そう考えると納得できてしまうのだ。

一日五回の「軽く一杯」

イタリアのBAR《バール》で、あるいはレストランで「カフェ」というと、必ずエスプレッソが出てくる。つまり、イタリアではコーヒーのことを「カフェ」といい、「カフェ」は「エスプレッソ・コーヒー」をさす。

あの、少ない量の濃くて苦いやつ、と思う人が多いと思うが、たしかに濃い。しかし、苦いだけではない。エスプレッソには、コーヒー豆の旨《うま》みや酸味、甘みがすべて生かされている。ほかのフィルターコーヒーやトルコ風コーヒーなどと比べても、エスプレッソの香りの高さやコクは抜群である。

その秘密はエスプレッソ・マシン、つまり抽出《ちゅうしゅつ》する機械に隠されている。それは、九気圧、つまり九〇メートルの水の重さで力を加え、コーヒー豆の成分を抽出すること。ほかのコーヒーではそれができない。

お湯の温度も九〇度から九二度。その温度をこえると豆の成分が焼けてしまう。

通常おいしいエスプレッソをいれるには、約七グラムの粉を九〇~九二度の熱湯で九気圧をかけて二五~三〇秒、カップに約三〇ミリリットル抽出するとよいとされている。抽出時間が長すぎると、今度はあまり欲しくない成分まで抽出されてしまう。

当然のことながら、豆の煎《い》り方や粉の挽《ひ》き方で多少変わるが、これが一応の目安になっている。

イタリアではエスプレッソを飲む機会が多い。もちろん、エスプレッソを飲ませるBARが多く存在するからだが、このBAR、あらゆる機会に役に立つ。

まず、朝出勤前に自宅から外へ出て、近くの友人やいつものバリスタ（BARで働く人）と話をしながら、一杯。

会社に着き、仕事の切れ目や来客があったときに、一杯。

ランチに出て、食後に軽く、一杯。これは午後の眠気防止にいい。

また、外出して偶然知人に会っても、ちょっと立ち飲みで、一杯。

イタリア人は、仕事中でも人とのコミュニケーションを大切にしているので、こうした五分や一〇分の時間は、会社側もあまり気にしない。一日に四～五杯は飲む機会がある。そしてこの機会に、実はちゃっかり情報交換もしている。

夕食も外へ出れば食後に、一杯。

最近では夜眠れないのでエスプレッソは飲まないという人も増えた。もちろん個人差があるにせよ、これはあまり正しいとはいえない。

通常一杯のエスプレッソには六五～一三五ミリグラムのカフェインが含まれている。六五ミリグラムというのは、アラビカ種を一〇〇パーセント使った場合（アラビカ種のカフェイン含有量はロブスタ種の半分）。

普通のコーヒー一杯には八五～一七〇ミリグラムのカフェインが含まれているので、むしろエスプレッソのほうがカフェイン量は少ないといえる。

また、男性と女性ではカフェインの消化速度が大きく異なる。平均一杯のエスプレッソの量を消化するのに要する時間は男性で二時間半、女性で一時間半。女性が短くてすむのは、出産に備え、子どもの分も含めた生理機能をもつためだが、実際の妊娠時には、逆に一五～一六時間と非常に長くなり、味わう気すらなくなってしまうという。

消化剤としてのエスプレッソ

イタリアでは、毎日ではないが、コースディナーのときには前菜からプリモ、セコンド、ドルチェと、多少残したとしても最後にはたいていお腹がいっぱいになってしまう。満腹になったお腹は、何とか消化しなければならない。

この意味で、カフェインの効用はともかくとして、酸味と苦みでお腹に刺激を与えてくれるエスプレッソは必要不可欠である。

それだけではない。エスプレッソはそのあとに続く食後酒への橋渡し役としても大切だ。消化成分を多く含むアマーロや、ブドウの搾《しぼ》りカスを蒸留《じょうりゅう》したグラッパなどの食後酒は、おおいに消化を助けてくれる。

とくに北の寒い地方では、カフェ・コレクトといってエスプレッソにグラッパを加えて飲む。こうすれば消化もいっそう進むが、われわれ日本人には酔いもいっそう増すような気がする。

また、ミラノ方言に「レゼンティン」という言葉がある。

これはエスプレッソを飲み終えたコーヒーカップにグラッパを注ぎ、カップを洗うという意味だが、それを理由に、またグラッパを一杯やろうというものだ。

いずれにしても、イタリアにおける会食では胃も肝臓《かんぞう》もタフでなければならないが、エスプレッソの助けは欠かせないのである。

おわりに――イタリア人は人生の達人

イタリア人のもつ独自のライフスタイルは、誰にも興味深く見える。決して贅沢《ぜいたく》をしているわけではないのに、魅力的に映る。

一方、イタリアは「いいかげん」な国といわれ、ほかの国と比較されるとき、必ずこの言葉が出てくる。この「いいかげん」が成り立つベースには二つの要因が考えられる。

ひとつはカトリック（キリスト教）であり、もうひとつは長い歴史であると思う。

イタリア人は九十数パーセントの人が幼児洗礼を受け、キリスト教文化の中で育ち、寛容の中に浸って比較的温厚な社会人となっていく。

そしてまた、古代ローマ以降、外の国の文化を上手に取り入れてきた歴史がある。

食に関しても、古代ギリシャの食文化を引き継ぎ、大航海時代以降も中南米からの新しい産物を時間をかけて取り入れてきた。

こうした柔軟性が、イタリアの国民性のベースにあり、あまり物事を白黒はっきり決めない方向に向かわせたのではないだろうか。だからこの国の「いいかげん」なところがきわめて人間的であり、「何とかなる」という余裕さえ感じさせる。

ある意味で「結果オーライ」と理解できる。いいかえれば、その分個人は自由で、自己の責任において行動すればよいことになる。

とはいっても、やることはやらないと、簡単には「結果オーライ」とはならない厳しい現実もある。

でも「成りあがり者OK」だったら自分もやってみよう、もっと人生を楽しみながら思い切りやってみようという気持ちになる。

均一化された社会で、オリジナリティに乏《とぼ》しい日本の社会に慣れたわれわれ日本人は、イタリアに来て、人々がごく自然に人生を楽しんでいる姿を目の当《ま》たり《あ》にする。そしてイタリア的ライフスタイルに憧《あこが》れるようになった日本人が、個人として目覚める。

イタリアには、われわれをそんな気持ちにさせてくれる不思議な魅力がある。

林《はやし》　茂《しげる》

【イタリアワイン・ミニ事典】

〈ラベルの読み方〉

DOCG(統制保証原産地呼称)ワインの例

①商号 (ブリッコ・ロッケ)
②ワイン名 (バローロ)
③DOCG ワインであることを示す
④ワインを醸造した農園名 (ブリッコ・ロッケ)
⑤収穫年の生産数量 (5454本)
⑥ブドウの収穫年 (1990年)
⑦瓶詰め元 (チェレット社ブリッコ・ロッケ農園)
⑧ワイン容量(750mℓ) eはEU公認容量を示す
⑨製造業者公認番号
⑩アルコール度数 (13.5%)

DOC(統制原産地呼称)ワインの例

①ワイン名 (ラクリマ・クリスティ・デル・ヴェスーヴィオ)
②DOCワインであることを示す
③ブドウの収穫年 (2001年)
④会社名 (マストロベラルディーノ社)

V.d.T.I.G.T.(地理表示つきテーブルワイン)の例

①商号（クレーゾ）
②ブドウの収穫年（1999年）
③ブドウの品種名（カベルネ・ソーヴィニオン）
④IGT名（デッレ・ヴェネツィエ）
⑤V.d.T.I.G.T.ワインであることを示す
⑥会社名（ボッラ社）
⑦アルコール度数（13.5%）

V.d.T.(テーブルワイン)の例

①会社名（ルンガロッティ社）
②商号（ジャーノ）
③V.d.T.ワインであることを示す
④瓶詰め元と所在地（ルンガロッティ農園、トルジャーノ、イタリア）
⑤ワイン容量(750mℓ)
eはEU公認容量を示す
⑥アルコール度数（11%）

〈イタリアを代表する21のワイン〉

イタリアワインは数が多いためわかりにくいといわれる。だが、主要二〇種ほどの名前、地域、味をひととおり覚えてしまえば、コツのようなものがわかってくる。

まず、代表的な12の赤ワインから紹介しよう。

バローロ

イタリアワインの王様といわれるバローロは、アルバの南、小高い丘が連なるランゲの地で造られる。晩秋、霧（ネッビア）が出はじめるころ収穫することから、ネッビオーロと名づけられたブドウ一〇〇パーセントで造られるこのワインは、オレンジ色を帯びたガーネット色で、バラやスミレの香りとしっかりしたタンニンをもち、長期の熟成《じゅくせい》に耐えることから、フランスのボルドーやブルゴーニュ地方

の銘醸《めいじょう》ワインと比較されるエレガントで力強い赤ワインだ。

バルバレスコ

バローロと同様にネッビオーロ種のブドウを原料とするバルバレスコは、バローロの兄弟分といわれ、アルバの町を流れるタナロ川の西側沿いの丘陵《きゅうりょう》で造られる。バローロより一年短い、二年の熟成で出荷できるが、エレガントで繊細な味わいがあり、長期の熟成に耐えることから近年人気を得るワインとなった。しかし、生産量はバローロの半分以下と少ない。肉を中心とするピエモンテ地方の料理のほか、熟成辛口チーズなどにも向く。

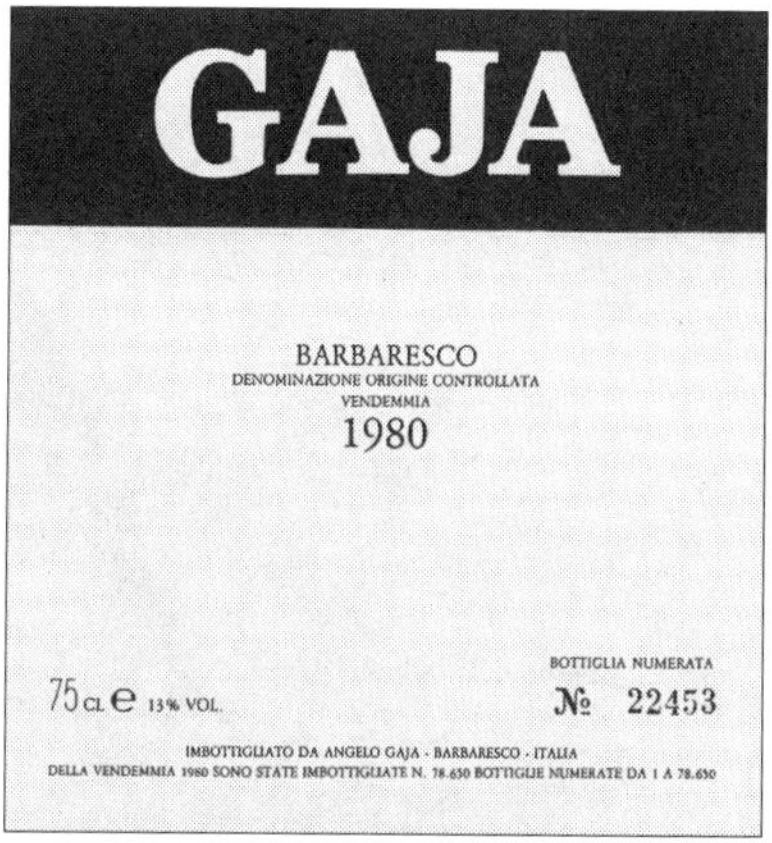

ドルチェット

ピエモンテ地方のアルバ、アスティなどを中心に広く栽培されるこの地方独自の品種ドルチェット種から造られるこのワインは、七つの地域がDOCに認められている。次のバルベーラ同様、北イタリアのカジュアルワインとして、ミラノやトリノなど北イタリアの大都市で人気の高い、食事によく合うワイン。ルビー色で、個性的なワインらしい香りがあり、苦味、酸味のバランスがよく、あらゆる料理に向く赤ワインとして知られている。

バルベーラ

バルベーラ種は北イタリアをはじめとしてイタリアで広く作られている品種で、ピエモンテ地方のアスティ、アルバ、アレッサンドリアを中心とする三つの地域がDOCに認められている。濃いめのあざやかなルビー色で、花の香りを含み、長期熟成向きの辛口から薄甘口、微発泡性《びはっぽうせい》のものまでがある。ドルチェット同様あらゆる料理に向くが、ピエモンテ、ロンバルディア地方のパスタやリゾットのほか、仔牛肉《こうしにく》の料理などにも向く。

ヴァルポリチェッラ

ヴェローナの町を流れるアディジェ川の北側に位置するヴァルポリチェッラの丘陵で造られるこのワインは、イタリアのＤＯＣ赤ワインの中でも生産量が多く、イタリアを代表する日常ワインのひとつ。ルビー色で繊細な香りがあり、ほろ苦くしっかりとした味わい。パスタやリゾットから肉料理まであらゆる料理に合わせることができる。陰干ししたブドウを使う甘口のレチョート、辛口でコクがあり力強いアマローネも同じブドウから造られる。

バルドリーノ

バルドリーノはミラノからヴェネツィアに向かう途中にあるイタリア最大の湖、ガルダ湖東南岸で造られる明るいルビー色で新鮮な赤ワイン。ヴァルポリチェッラ同様、コルヴィーナ種、ロンディネーラ種中心に造られるが、明るいピンク色のフレッシュなワインは〝キアレット〟と呼ばれる。また、ノヴェッロ（新酒）もイタリアで最初にＤＯ

Cに認められている。パスタ入りスープ、リゾットなどのあらゆる料理に合わせることができる。スペリオーレは近年DOCGに認められている。

サンジョヴェーゼ・ディ・ロマーニャ

　ボローニャからアドリア海に向かうアペニン山脈沿いのフォルリ、ラヴェンナを中心に造られるこのワインは、キャンティと同様にサンジョヴェーゼ種主体で造られ、イタリアを代表する味わいの赤ワインといえる。スミレ色を帯びた明るいルビー色で、上品な香り、ほろ苦さも含んで、サラミや、仔牛、豚、鶏肉などの白身肉の料理に、また熟成すればしっかりした味わいの赤身肉の料理にも向く。ノヴェッロもDOCワインに認められている。

ブルネッロ・ディ・モンタルチーノ

フィレンツェの南、ブルネッロの丘陵で造られるこのワインが知られるようになったのは、一九世紀末のこと。サンジョヴェーゼ種の改良種サンジョヴェーゼ・グロッソ種（ブルネッロ種）一〇〇パーセントで造られる濃いルビー色のエレガントで力強い赤ワイン。バローロやバルバレスコ同様に、長期の熟成に耐えることからイタリアを代表する赤ワインとして知られるようになった。今では外国資本も参入し、世界に知られるインターナショナルなワインになった。

ヴィーノ・ノビレ・ディ・モンテプルチャーノ

フィレンツェとシエナのあいだに位置するモンテプルチャーノの丘で造られるこのワインは、古くから知られ、その記述は九世紀にさかのぼる。また、この地には一四世紀のワイン造りに関する最初の法律も残されている。当時からこの土地で高品質のワインが造られていたことから

〃ノビレ〃（貴族）の称号を得たといわれる。プルニョロ・ジェンティーレと呼ばれるサンジョヴェーゼ・グロッソ種から造られる、上品で力強いこのワインは、一九八三年トスカーナで最初のDOCGに認められた。

キャンティ

キャンティはトスカーナ地方の赤ワインとして世界中に知られているが、イタリアのDOC、DOCGワインの中でもっとも生産量の多いワインで、トスカーナ地方の広い地域で造られる。サンジョヴェーゼ種主体のこのワインは、ルビー色で濃密な香りがあり、タンニンと

酸のバランスがよく、肉料理だけではなくあらゆる料理に向くが、熟成させたものは野鳥の料理や各種熟成辛口チーズなどにも向く。

トルジャーノ・ロッソ・リゼルヴァ

このワインはペルージャから丘沿いに二五キロほどの丘陵にあるトルジャーノの町で造られるしっかりした赤ワインで、この土地の大地主であったジョルジョ・ルンガロッティ氏の努力により、一九九〇年DOCGに認められたウンブリア地方を代表するワイン。サンジョヴェーゼ種主体でカナイオーロ種を加えたこのワインは、ルビー色で上品なスミレの香りがあり、調和のとれた味わいのある長期熟成型赤ワイン。ロースト肉などの肉料理に向く。

タウラージ

ナポリの南、内陸に入ったアヴェッリーノを中心に造られるタウラージの歴史は古く、原料になるブドウの品種の名前は〝ヘッレニカ〟つまり〝ギリシャ伝来のブドウ〟を意味する。アリアニコ種で造られるこの力強い赤ワインは、一九世紀末、この地方に住むアンジェロ・マストロベラルディーノ氏によって世界に知らしめられ、一九九三年には南イタリアではじめてDOCGワインに認められた。濃いルビー色で味わいがあり、赤身肉や熟成辛口チーズなどに向く。

次に、9の白ワインを。

ガヴィ／コルテーゼ・ディ・ガヴィ

ピエモンテ地方南部アレッサンドリアに近いガヴィを中心にコルテーゼ・ディ・ガヴィ種から造られるこの辛口白ワインは、一九世紀後半、全ヨーロッパに広まったブドウの木の病気フィロッセラ以後、ピエモンテにはなかった白ワインとして造られるようになった。薄緑色を帯びた麦わら色で繊細かつ上品な調和のとれたワイン。軽いアンティパスト（前菜）から魚料理までに向く。同じブドウから造るスプマンテ（発泡性ワイン）もDOCGに認められている。

アルネイス

アルネイス種はアルバの西、バローロやバルバレスコを造る地域とタナロ川を隔《へだ》てて反対側に位置するロエロ地区に古くからあった品種で、以前は甘口ワインにされていたが、一九八七年から辛口白ワインとして、同地域のネッビオーロ種同様ＤＯＣに認められた。現在ではガヴィに並びピエモンテを代表する白ワインになっている。また、新しいＤＯＣワイン、ランゲの中にもこの品種が入っている。濃い麦わら色で、新鮮で上品な香りがあり、食前酒からアンティパスト、魚料理、卵料理までに向く。

アスティ、モスカート・ダスティ

アスティは、一八七〇年代にシャンパーニュ地方でワイン造りを勉強し帰国したカルロ・ガンチャが、シャンパン（瓶内《びんない》で二次発酵《はっこう》を行う）と同様に大型タンク内で二次発酵させたワイン造りに成功し、マスカット種のブドウジュースのような香り高くフルーティな甘口発泡性ワインを造ったのが始まり。一九九三年にはDOCGに認められ、同時に二次発酵を行わないモスカート・ダスティもDOCGに認められた。両者とも各種デザートに向く甘口ワイン。

ソアーヴェ

日本でもっともよく知られるイタリアの白ワインのひとつ。『ロミオとジュリエット』で知られるヴェローナ周辺で造られるこのワインは、ガルガネガ種が主体で、明るい麦わら色の上品な香りをもつ。フルーティで味わいのバランスがよく、アンティパストから魚介類のパスタやリゾット、魚料理などに向く。

同じブドウを陰干しして醸造《じょうぞう》した甘口のレチョートとスペリオーレは近年DOCGに認められている。また発泡性スプマンテもDOCに認められている。

ヴェルディッキョ

古くはローマ教皇《きょうこう》領であり、宮廷文化の栄えた地域として知られるマルケ地方で造られるこの辛口白ワインは、アンコーナ、マチェラータを中心に、二つのDOCに認められている。魚介類の料理に向くことから、魚の形をした瓶のワインとして海外でも知られている。ヴェルディッキョ種主体のこのワインは、薄緑色がかった麦わら色で、上品な果実香を含む調和のと

れた辛口。魚料理はもちろんのこと、アンティパストから白身肉、フレッシュチーズなどにも向く。

トレッビアーノ・ディ・ロマーニャ

ロマーニャ地方の中心ボローニャからリミニにかけて造られるこの白ワインは、イタリア各地で栽培されるトレッビアーノ種主体のワインで、この品種はこの地方ではトレッビアーノ・ロマニョーロ種と呼ばれている。濃い麦わら色で、干し草のような香りがあり、柔らかく調和のとれた辛口。軽いアンティパストからスープ入りパスタや卵料理などに向く。価格的にも手頃で、日常ワインとして申し分のないイタリアの辛口白ワイン。

ヴェルナッチャ・ディ・サンジミニャーノ

イタリアの白ワインとして二番目にＤＯＣＧに認められたトスカーナ地方を代表する白ワイ

ン。フィレンツェとシエナの中間に位置する、塔《とう》のある町として知られるサンジミニャーノの丘陵で造られるこの辛口白ワインは、薄緑色を帯びた黄金色で、上品な花の香りを含む。新鮮でアロマ（強い香り）を感じさせる調和のとれたワイン。魚料理のほか、仔牛などの白身肉の料理や各種の若いチーズにも向く。

フラスカティ

ローマの南西のなだらかな丘陵地帯、フラスカティを中心に造られるこのワインは、マルヴァジア種、トレッビアーノ種主体の白ワイン。上品で個性的なワイン香があり、古くからローマ人のあいだで親しまれてきた。辛口から薄甘口、甘口まであり、辛口はパスタやリゾット、魚料理などに、熟成させるとローマの名物、仔牛肉の料理〝サルティンボッカ〟などにも向く。薄甘口、甘口は各種デザートに合わせることができる。

オルヴィエート

ウンブリア地方オルヴィエート中心に造られる白ワインで、〝プロカニコ〟と呼ばれるトレッビアーノ種が主体。古くはフィレンツェの貴族が所有する農園で造られていたことから、特別にトスカーナ地方での瓶詰めも認められている。濃い麦わら色で、上品かつ快い花の香りを含み、辛口から薄甘口、甘口まである。辛口はアンティパストから魚料理、軟質チーズに向くが、薄甘口、甘口は各種デザートのほか、ゴルゴンゾーラなどの青カビチーズにも向く。

＊本書に掲載したワインラベルについては、著者がサントリーのワイン事業部でワイン輸入に携わってきた関係上、サントリー取り扱いのものが多くなったことをお断りいたします――編集部注

林 茂

1954年、静岡県に生まれる。埼玉大学経済学部を卒業。サントリー株式会社ワイン事業部に勤務。1982年から1986年と、1990年から1999年までの計13年間、イタリアに駐在。イタリア食材の輸入などにたずさわる。1995年、日本人としてはじめてイタリアでソムリエの資格を取得。また、日伊の食文化交流に貢献した功績で、カテリーナ・ディ・メディチ賞などを受賞。イタリアの食材とワインについての第一人者である。

著書には『《最新》基本イタリアワイン』(TBSブリタニカ)、『イタリア ワイン ランキング』(監修・監訳、料理王国社)、『イタリアワインをたのしむ本』(講談社ソフィアブックス)、『イタリアの食卓 おいしい食材』(講談社＋α文庫)などがある。

講談社＋α新書《プラスアルファ》 180-1 D

イタリア式《しき》 少《すこ》しのお金《かね》でゆったり暮《く》らす生《い》き方《かた》
一年240万円の豊かな生活術

林《はやし》 茂《しげる》

2003年11月20日第1刷発行

発行者―――― 野間佐和子
発行所―――― 株式会社 講談社
東京都文京区音羽2-12-21 〒112-8001
電話 出版部(03)5395-3532
販売部(03)5395-5817
業務部(03)5395-3615
装画―――― 北谷しげひさ
デザイン―――― 鈴木成一デザイン室
カバー印刷―――― 共同印刷株式会社
印刷―――― 慶昌堂印刷株式会社
製本―――― 株式会社国宝社

落丁本・乱丁本は購入書店名を明記のうえ、小社書籍業務部あてにお送りください。

送料は小社負担にてお取り替えします。

なお、この本の内容についてのお問い合わせは生活文化第四出版部あてにお願いいたします。

Printed in Japan ISBN4-06-272227-5 定価はカバーに表示してあります。